Algot Ahlbäck
Vår pappa

ALGOT AHLBÄCK
~ VÅR PAPPA ~

Ingwar Ahlbäck, Per-Gunnar Ahlbäck
och Margareta Björndahl

Omslagsbild: Pastor Algot Ahlbäck i barndomshemmet i Rönneshytta cirka 1920. Ur släktarkivet.

Ingwar Ahlbäck, Per-Gunnar Ahlbäck och Margareta Björndahl: Algot Ahlbäck, vår pappa

© 2018 Ahlbäck-Björndahl
Förlag: Books on Demand
Tryck: Books on Demand

ISBN 9789177853886

~ TILL PAPPA ALGOT AHLBÄCKS EFTERLEVANDE ~

Familjen Algot Ahlbäck advent 1948.
Sven-Olof, Per-Gunnar, Margareta, Pappa Algot, Ingwar och mamma Signe.

INNEHÅLL

Per-Gunnar, Margareta och Ingwar 2013.

FÖRORD

Den 15 maj 2018 ringer Ingwar för att påminna mig Margareta om att det den dagen är 128 år sedan pappa föddes. Tre sekler. Fyra generationer. Tanken svindlar. Tid är ett relativt begrepp. En dag kan vara lång och ett år kort. Ju äldre man blir desto snabbare går åren eftersom de ses i förhållande till den totala livslängden. Så många är åren sedan Algot Ahlbäck föddes och ändå är han så levande för oss. Men å andra sidan är vi ju gamla, vi syskon.

Det händer att våra barn och barnbarn tillfrågar oss om hur deras farfar/morfar var. Han som var ledare för Örebro-Missionen. Farmor Signe fick uppleva alla sina barnbarns födelse men pappa dog när vi barn var unga och han fick inte se något barnbarn födas. Därför föreslog Per-Gunnar att vi tre syskon, som fortfarande är i livet och har fungerande tanke-verksamhet, skulle skriva ner våra minnen av pappa. Cirka femton sidor var. Vi skulle inte dela med oss av det skrivna förrän det sammanfogades. Vi skulle inte påverka varandra, bara spontant skriva ner det vi erinrade oss.

Den här lilla boken består alltså av tre från varandra helt skilda delar. Ingwar var den förstfödde sonen som kom när pappa var trettiofem år gammal. Sven-Olof kom två år senare. (Han dog 1995.) Per-Gunnar föddes ytterligare två år senare som tredje son och kvartetten fullbordades med mig som föddes när pappa var fyrtiofem år gammal. Till minnesdelarna fogas ett kapitel med faktauppgifter om pappa. Jag har skrivit den delen eftersom jag har tillgång till vårt släktarkiv med dessa uppgifter.

Vi tre har olika tidsperspektiv, det är skillnad på att ha en pappa som är trettiofem än en som är fyrtiofem. Men det är också skillnad på att vara den förstfödda sonen och den tredje för att inte tala om att vara den enda dottern.

Ingwar föddes i pastorsbostaden i Hallsberg. Sven-Olof och Per-Gunnar i Örebro på Nygatan och även jag i Örebro men på Slottsgatan. Ingwar är den ende av oss som har minnen från såväl Nygatan som Slottsgatan medan vi alla har minnen från vår lägenhet på Skolgatan 11 a.

7

Var och en av oss ansvarar för sin text och kan inte ställas till svars för någon annans minnen. Många episoder och miljöer återkommer hos alla tre vilket tyder på att dessa minnen var särskilt starka. Läsaren kan kanske uppleva dessa partier som tjatiga, men vi valda att inte påverkas av varandra. Ibland skiljer sig minnena åt och var sanningen ligger kan inte helt lätt tydliggöras. Våra värderingar är givetvis också olika beroende av både vår personlighet och vår livserfarenhet.

Vi växte upp mitt i ÖrebroMissionens centrum i Örebro. Det präglade vår barndom och tonårstid inte enbart med sin årsrytm utan också i det vardagliga livet. De flesta av våra kamrater och familjens umgänge kom ifrån likasinnade grannar och vänner. Därför finns beskrivningar av ÖrebroMissionen med som en stor del av berättelserna hos var och en av oss. Ingen av oss har längre sin religiösa förankring inom den rörelsen som nu ingår i Evangeliska Frikyrkan. ÖrebroMissionen finns inte längre kvar som en egen förening. Våra redogörelser får därför ett extra historiskt värde.

Den här boken är skriven för våra barn och barnbarn samt deras efterkommande. Den är subjektiv, förmodligen också motsägelsefull eftersom minnet ofta spelar oss ett spratt efter så många år. Den är vad den är. Det är våra minnen av pappa.

Göteborg i sommaren 2018 Anno Domini.

Margareta Björndahl

8

PAPPA OCH INGWAR

Jag Johan Ingwar Emanuel Ahlbäck föddes den 21 december 1925 som mina föräldrars första barn. Mina föräldrar Algot och Signe Ahlbäck hade gift sig den 15 november 1924. De var relativt till åren komna då de gifte sig. De hade båda yrkeskarriärer bakom sig, Om det finns mycket att berätta, men låt mig inskränka mig till vad som förde dem samman

Pappa och Ingwar 1 juli 1926.

9

Pappa var pastor i baptistförsamlingen Salem i Hallsberg. Mamma, som var frälsningsofficer med som högst rang ensajn (ungefär mellan kapten och major) sändes av Frälsningsarmén till Hallsberg för "att öppna eld", d v s starta en ny kår. De frireligiösa verksamheterna i Hallsberg bestämde att de skulle ha en gemensam kampanj med alliansmöten där församlingar från olika samfund deltog. Det var under denna kampanj som Mamma och Pappa träffades och tycke uppstod mellan dem.

Frikyrkliga ledare i Hallsberg våren 1924.
Stående från vänster Mamma Signe Håkansson och hennes två arbetskamrater
(den till höger löjtnant) samt fru Åkesson.
Sittande från vänster: Pappa Algot Ahlbäck, pastor Åkesson och Ragnar
Ragné.

Deras väg till äktenskap blev inte helt okomplicerat. I Frälsningsarmén fanns en bestämmelse om att en officer bara fick gifta sig med en annan officer. Dessutom skulle båda som gifta ha samma rang, en högre officer degraderades alltså. När Mamma skulle gifta sig fick hon därför inte längre vara frälsningsofficer. Hon lämnade då Frälsningsarmén och lät döpa sig i och blev medlem av Baptistförsamlingen Salem för sin kärlek. – Men frågan är om inte hennes hjärta fanns kvar i Frälsningsarmén hela livet.

Pappa hos Signes mor Anna Håkansson i Malmö.
Med på bild är vår kusin Brita, moster Adas dotter.

Mamma och Pappa gifte sig i november 1924. De vigdes i Salemkapellet, men frikyrkopastorerna hade inte officiell vigselrätt så de fick gå till landsfiskalen för att ingå äktenskap i lagens mening. Vittnen vid den borgerliga vigseln var stationskarlen David Rundqvist, pappas svåger, och skräddarmästaren Gottfrid Karlsson, båda från Hallsberg. Jag har inga uppgifter om vigseln i Salemkapellet ägde rum samma dag eller någon dag senare.

Hur året innan bröllopet var för dem vet jag inte. Antagligen var Mamma en stor del av tiden i sitt föräldrahem i Malmö. I vart fall levde inte mamma och pappa tillsammans förrän de gifte sig. Mamma har på ålderns höst berättat för Barbro att hon var helt oförberedd på bröllopsnatten. Det förklarar ett par ting som jag många gånger funderat på. Mamma berättade mer än en gång för oss, att på bröllopsnatten gick pappa upp och satte sig att läsa manuskript, vilket jag trodde berodde på att han inte kunde slita sig från sitt arbete, men som kanske hade en annan förklaring. När jag kom upp i puberteten hittade jag i bokhyllan

11

en något ålderstigen sexualupplysningsbok, skriven av någon djupt religiös författare. Jag undrade varför vi hade en sådan bok men frågade aldrig eftersom jag trodde att alla frågor om sexualitet var tabubelagda. Att den kom i huset en gång i tiden kanske medverkade till att vi fyra syskon så småningom skulle få se dagens ljus.

Signe och Algot Ahlbäck med sin förstfödde son 1 juli 1926.

Pappa och hans föräldrar

Pappa föddes i Stora Tuna som äldsta barn till Johan Viktor Ahlbäck, f 28/5 1865, död 27/5 1931, och Johanna Lovisa f Hedlund 18/11 1875, död 28/11 1948, kallad Hanna. Jag tror att farmor födde totalt tolv barn, men bara sju nådde vuxen ålder. Pappa hade alltså fyra systrar, Erika, Elsa, Klara och Maja, och två bröder Gottfrid och Erik.

Farfar arbetade på sågverk. Han flyttade med sin familj först till Karlstad och därifrån till Rönneshytta i södra Närke där han blev sågmästare. Jag har svaga minnen av farfar som dog 1931 när jag var sex år gammal. Jag har också svaga minne av stället i Rönneshytta där de bodde. Det var ett litet hus på landet som låg på en ganska stor tomt som sluttade ner mot en sjö. På tomtens vänstra sida låg rödmålade uthus. Jag minns farfar komma hem från sågverket på en stig utmed sjön, bärande en unica-box där han hade haft sin mat. Han var en gladlynt man med ett gott leende och han var en mycket snäll person. – Min elva månader äldre kusin Enar har berättat att han har ett minne av sin morfar – min farfar. Enar satt i sin mammas knä i huset i Rönneshytta när hans morfar, som satt mittemot, sa att "enar de växer i skogen". Det tyckte inte Enar om. Historien bekräftar mina minnen av farfar som en klurig och skojfrisk person.

När farfar dog, vid 66 års ålder, var även jag med på begravningen. Jag har en minnesbild av hur kistan stod uppställd på två bockar utanför huset i Rönneshytta en vacker försommardag. Men den fortsatt begravningen har jag inget minne av.

Farmor var litet "gudsnådelig". Det var kanske därför pappa fick namnet Algot och en av hans bröder till Gottfrid. Farmor ville att alla tre sönerna skulle bli pastorer, vilket de också blev.

När farfar dött såldes huset och därefter hade farmor ingen egen bostad. Hon reste runt och bodde hos barnen, mest hos Elsa, som bodde i Rönneshytta, och hos oss. För oss barn var det inget nöje när farmor kom, inte för mamma heller. Det första farmor gjorde när hon kom innanför dörren hos oss på Slottsgatan, innan hon tog av sig kappan, var att ta fram en sopborste med kort skaft och böjd som en hårnål sopa golvet i

13

hallen. Det irriterade naturligtvis mamma som var en mycket duglig husmor och som var mycket noga med att hålla rent. Men med på den tiden tre pojkar var det väl oundvikligt att ett och annat sandkorn kom in i hallen. Sedan kunde farmor stanna hos oss i sex-sju veckor och då lade hon beslag på ett rum och begränsade vår rörelsefrihet ganska avsevärt. Och när Pappa kom hem lade hon helt beslag på honom. Farmor skulle alltid vara hos oss då det pågick mötesserier i Filadelfiakyrkan och hon skulle vara med på alla möten. Det blev inte någon hjälp för mamma, istället en massa extrajobb och psykisk påfrestning. En gång när Farmor varit hos oss i fyra veckor förmådde Mamma Pappa att säga åt farmor att hon kunde bo hos faster Klara i stället. Farmor knallade dit men var tillbaka dagen efter.

När Pappa gick ut folkskolan, gissningsvis sexårig, fick han arbete på brukskontoret och blev alltså den första generationen i familjen som kom att ägna sig åt "manschettyrken". Hela familjen med farmor i spetsen var frireligiösa, såvitt jag minns med anslutning till Missionsförbundet. När det var dags att göra värnplikt hade Pappa en stark övertygelse om att det var fel att gå ut i krig. Han vägrade bära vapen. På den tiden var förståelsen för ett sådant ställningstagande inte stor och Pappa fick fängelsestraff, hur långt vet jag inte.

Pappa ägnade sig sedan åt att utbilda sig till pastor. Jag är inte helt säker men jag tror att han gick på Bibelskolan och på Missionsskolan i Örebro. Han blev alltså baptist vilket berodde på att han menade att dopet skulle vara en bekräftelse på ett medvetet ställningstagande till tron på Gud och Kristus. Det medförde vuxendop och nej till barndop. Pappa anställdes som 24-årig som pastor i baptistförsamlingen i Rönneshytta. Fyra år senare flyttade han till Salemförsamlingen i Hallsberg där han stannade till 1927.

Pappa valdes in i Örebro Missionsförenings (ÖM) styrelse år 1919. År 1921 startade ÖM veckotidningen Missionsbaneret och pappa blev redaktör för denna, ett arbete han hade till sin död. År 1931 dog John Ongman som varit grundare av och var ordförande i ÖM. Det blev sedan pappas uppgift att ta över detta ordförandeskap tillsammans med att han fortsatte att vara redaktör för Missionsbaneret och en rad säsongstidskrifter som kom ut till jul och sommaren.

År 1937 inträffade en schism inom Baptistsamfundet som ledde till att Pingströrelsen och Örebro Missionsförening var för sig lämnade Baptistsamfundet. Efter det hade Pappa att leda Örebro Missionsförening och därigenom ett stort antal församlingar som samarbetade med ÖM. Det var en uppgift som han hade fram till sin död i juli 1949. Då hade han varit sjuk en tid och det fanns folk som undrade om han skulle orka med ordförandeskapet om han skulle bli omvald vid ÖM:s stora konferens i början av juni. Frågan ställdes till mamma som trodde det skulle gå honom hårt till sinnes om han inte blev omvald. Han fick alltså behålla ordförandeskapet till sin död.

Pappa var vad jag kallar en "fridens man". Han tog inte strid utan gick hellre undan. Kanske han därmed inte var den drivande ledaren, men Mamma beskrev det som att han inte sade mycket, men när han hade uttalat sig blev det ingen vidare diskussion.

För oss barn var Pappa inte särskilt närvarande. Han var inte morgonpigg, vilket innebar att vi hade gått till skolan när han steg upp. Han kom hem klockan fem när vi åt middag. Därefter lade han sig på rygg på sängen med en bakvänd kofta över bröstet och sov en stund. Efter det gick han ner på kontoret – nu tänker jag på Skolgatan då han hade kontor i samma hus där vi bodde – och arbetade till sena kvällen.

Någon gång hände det att han tog med någon av oss på en kvällspromenad för att posta brev på stationen eller för att lämna korrektur på tryckeriet. Det var den motion han fick. Någon gång i veckan utsträcktes promenaden till ett varv runt Stora Holmen. Det förekom också att Pappa bad åtminstone mig att hjälpa honom med att läsa korrektur.

Vid ett tillfälle hade mamma övertalat Pappa att ta med oss tre pojkar att fiska en tidig morgon. Pappa skaffade två eller tre långa metspön och så bestämdes att vi skulle gå upp tidigt. Pappa var definitivt ingen morgonmänniska, men vi tjatade väl på honom så att han gick upp klockan halv sex. Så cyklade vi till

15

Oset, som var Svartåns nedre del av Slussen. Där försökte vi meta med bröd som agn. Kanske fick vi någon liten löja, jag minns inte. Men någon middagsfisk blev det inte. Pappa hade humor, jag minns hans härliga skratt. Men han var inte någon som berättade roliga historier ofta. Men en "rolig historia" som pappa berättade minns jag. *Det var två luffare som kom till en herrgård och tiggde mat. De bjöds in i köket där det dukades fram diverse rester från herrskapets måltider. Där ställdes också fram en stor skål senap, någon som luffarna aldrig smakat tidigare. Den ene tog en rejäl matsked senap och stoppade i munnen med den påföljd att tårarna rann. Den andra frågade varför han grät och fick till svar: "Jag gråter för att min bror dog förra året". Den andre luffaren tog då också en matsked senap med samma tåreflöde som resultat och fick naturligtvis frågan varför han grät. "Jo jag gråter för att inte Du dog på samma gång som bror Din."*

Pappas död

Pappa dog 1949. Mamma hade efter skolavslutningen rest med Margareta och jag tror Per Gunnar till Kämpinge. Jag hade en sommarkurs på Chalmers. Svenne var också borta från Örebro. Pappa var alltså ensam. Han blev så klen att han inte orkade gå ner till mjölkaffären femtio meter bort på gatan utan att be om en stol och vila sig innan han kunde gå hem. När mamma ringde en dag från Kämpinge förstod hon hur illa det var fatt och reste omedelbart hem och tog pappa med ambulans till lasarettet. Hon var hos honom tills han dog. Så vitt jag vet var dödsorsaken någon njursjukdom med urinförgiftning som följd.

Jag fick dödsbudet av Mamma och av pastorn i Filadelfiaförsamlingen, Birger Eriksson, per telefon till Kristliga Studenthemmet. Självklart reste jag hem så fort jag kunde nästa morgon. Begravningen ägde rum en vecka senare, en stekhet, solig dag i Immanuelskyrkan på väster i Örebro eftersom Filadelfiakyrkan var stängd för ombyggnad. Efter begravningsakten åkte vi bilkortege till norra begravningsplatsen. Enligt den tidens sed gällde det att vara klädd i frack, vilket naturligtvis var en påfrestning i hettan. Det var många långa tal i kyrkan, vid graven och vid det efterföljande kaffet på Missionsskolan. Det var inte att undra på att när vi kom hem till Skolgatan åkte

16

fracken och stärkkragen först av och därefter blev den en ganska uppsluppen stämning med mycket skratt som reaktion mot den tunga dagen.

Jag och pappa

Jag var storebror men har aldrig upplevt mig själv som ledare inom syskonskaran. En gång när jag kan ha varit kanske åtta och Svenne sex år hade Svenne varit en vecka hos moster Greta (i Linköping). Han kom hem med ett par tuffa pjäxor som han kunde ha när han skulle åka skidor. Mamma tyckte synd om mig och sade åt pappa att han fick gå ut och köpa pjäxor åt mig. Men pappa visste naturligtvis inte vad pjäxor var utan köpte ett par fina snörkängor i kalvskinn med tjugo små hål att trä skosnörena genom. Jag kunde naturligtvis inte ta för mig och få pjäxor. Gissa att det var genant och jobbigt att snöra dessa kängor.

Ingvar, Pappa och Margareta på Slottsgatan 1936.

17

Pappas värdegrund

Pappas bakgrund var ett arbetarhem. Farfar var sågmästare på ett sågverk. Pappa gjorde alltså en sorts "klassresa" när han blev den förste att ta steget till ett "manschettyrke". Grunden i hans utbildning blev studiet av Bibeln. Jag vet inte om han läste Bibeln med någon form av kritisk blick t ex om översättningen till svenska var oklanderlig. Pappa skrev en bok som kom ut postumt med titeln "Vad är klockan slagen?". Den handlar om det som i Pappas kretsar kallades "den yttersta tiden" d v s Bibelns berättelse i Uppenbarelseboken om när mänskligheten förgörs och Jesus återkommer till jorden för att hämta de troende till himlen. I boken analyserar Pappa Bibelns texter i detalj med utgångspunkter att varje ord i Bibeln utgör sanningen. Det skulle kunna betecknas som bokstavstroende.

Men i andra sammanhang upplevde jag Pappa som vidsynt. Ett litet minne är när Margareta var kanske sex – sju år gammal och Mamma ville klippa hennes hår i page-stil. Då blev Mamma uppringd av John Ongmans änka som allvarligt talade om att det var att leda Margareta in i synd och fördärv. En kvinna skulle ha oklippt hår för så står det i Bibeln. Men Pappa sade åt Mamma att så skulle inte Bibeltexten tolkas. Det var en annan tidsålder nu än när Bibeln skrevs och Mamma kunde vara stolt och glad över Margaretas hår.

Margareta har konverterat till katolicismen. Där har hon funnit sin religiösa hemvist. Hon intervjuades i Nerikes Allehanda om att hon blivit katolik. I artikeln frågas hur hennes Pappa missionsföreståndaren, skulle ha ställt sig till detta. Själv är jag övertygad om att Pappa skulle ha haft full förståelse eftersom det är ett äkta ställningstagande till gudstro.

Våra bostäder

Våra bostäder valdes med hänsyn till Pappas arbete. När jag föddes bodde vi i pastorsbostaden, helt omodernt i Hallsberg. När Pappas arbete som redaktör tog överhanden flyttade vi till Örebro till en omodern lägenhet på Nygatan 79. Efter några år valde Mamma och Pappa att flytta till en modern lägenhet och i gengäld vara utan "jungfru" som det kallades på den tiden. Lägenheten låg i ett nybyggt hus på Slottsgatan 39A.

18

Under den här tiden hade Pappa sitt kontor på Storgatan 23 (om jag minns rätt). Därifrån har jag svaga minnen. Pappa hade på kontoret en s k "svalrock" d v s en kavaj i ett svart, tunt, blankt tyg för att inte slita på kostymen. Det var cykelavstånd från Nygatan och tio minuters gångavstånd från Slottsgatan.

I mitten av 1930-talet beslöt ÖM att bygga ett bostadshus med utrymme för ÖM:s kontor och förlagsverksamhet i hörnet Skolgatan – Järnvägsgatan. Det förväntades då att ÖM:s ledande personal skulle flytta dit. Vi flyttade 1938 till en trerummare två trappor upp där Mamma efter Pappas död bodde kvar till 1984 då huset såldes och totalrenoverades.

Pappas arbete

Pappas huvuduppgift var att vara redaktör för Missions Baneret. Han titulerades också redaktör.

Förutom för Missions Baneret var han också redaktör för säsongtidskrifter, Sommarhälsning, Vinterhälsning. Julhälsning vill jag minnas att de hette. De hade alltid en vacker bild på omslaget, målade av en bra konstnär som exempelvis Jenny Nyström och Kurt Stoopendahl. Originalmålningarna delades ut bland ÖM:s personal och jag äger bilden av en skridskoseglande flicka av Nyström och Per har en sommarbild med barn i en eka målad av Stoopendahl.

ÖM bedrev en förlagsverksamhet som förmodligen drog in en del pengar. Förutom tidskrifterna gav ÖM:s förlag ut sångböcker och sålde Biblar. Det gav också ut böcker som Pappa läste korrektur på.

Pappa var som jag när det gällde att hålla ordning på papper. Allt låg i stora högar men han visste ganska väl var han hade sina papper.

Pappa med sina fyra barn och kusin Kjell 1938.
Per-Gunnar, Ingvar, Kjell, Sven-Olof och Margareta.
Observera att pojkarna har skolmössor och golfbyxor.
Pappa bär sin överrock och Margaretas kappa på armen och har kameran i
handen.

Pappa som person

Pappa var en för sin tid reslig man och såg bra ut. Han var över
1,80 lång och därmed längre än någon av oss söner. Han hade
under den tid jag minns honom utvecklat en kalaskula som gav
honom pondus utseendemässigt och en vikt som översteg 100
kg. Pappa var alltid strikt klädd i kostym och med överrock och
hatt då han gick ut. Sommartid, då han tillbringade några veckor
med familjen i Kämpinge kunde han lägga sig till med ett par
lättare byxor med bälte och kraglös skjorta (han hade ofta
skjortor med lös stel krage), annars var det den strikta stilen som
gällde. Men det här var ju det tidens stil.

Mina minnesbilder av Pappa som person är ganska vaga. Som
jag nämnt tidigare var han inte så ofta hemma under vår vakna
tid. Jag kan inte minnas att han deltog aktivt i vår uppfostran.
Jag minns inte heller höjda röster, hårda ord eller tillsägelser
varken från Mamma eller Pappa.

Jag har inga minnen av några djupare samtal eller diskussioner varken enskilt eller vid middagsbordet eller i andra sammanhang. Det var ganska enkla vardagssamtal om skolan och vardagshändelser. Vi levde i centrum av en frikyrkomiljö där Pappa var en av ledarna. Så samtalen kretsade naturligtvis till stor del om vad som hände i denna ganska begränsade miljö. Jag har inte heller några minnen av att Pappa försökte påverka mig med sin gudstro – men det behövdes inte heller i mitt fall, i vart fall inte så länge jag bodde hemma. När jag skulle mönstra kom frågan upp om att vägra bära vapen. Ett par av mina närmaste kamrater blev vapenvägrare och Pappa hade varit vapenvägrare. Men jag valde att göra normal militärtjänst. Det här var i slutskedet av Andra Världskriget och jag tror att jag själv var lite påverkad av behovet av ett försvar. Och jag har inget minne av att Pappa försökte påverka mig.

Nu dyker minnen upp utan ordning. En positiv effekt i min militärtjänstgöring var att jag fick ta körkort. Ett par år senare dog farmor och begravdes i Rönneshytta i södra Närke. Då fick jag låna en bil och kunde köra Pappa, Mamma och jag tror Per och Margareta. Då var Pappa lite stolt och imponerad.

Pappas arbete som redaktör innebar mycket läsning av manus och korrektur. På tryckeriet var det typografer som satte texten med blybokstäver. Så gjordes ett avdrag som Pappa fick hem för korrekturläsning. Det hände ibland när jag kommit upp i tonåren att jag fick hjälpa Pappa med att läsa korrektur och sätta speciella tecken i texten där det var fel.

Pappa skrev naturligtvis mycket, det var ledare och annat i Missionsbaneret, betraktelser och annat i övriga tidskrifter, och alla predikningar som inte kom i tryckt format. Han hade en reseskrivmaskin som vägde kanske fem kilo och som han förde med på sina resor. Såvitt jag vet finns det bara en bok som Pappa skrivit. Den kom ut postumt och fick som nämnts ovan titeln "Vad är klockan slagen?".

När Pappa fick ta över ordförandeskapet efter John Ongman för Örebro Missionsförening (ÖM) blev det en slitsam period. Det var naturligtvis ganska stor turbulens inom ÖM och efter det kom skilsmässan från Baptistsamfundet. Jag var för liten för att ha något minne av detta, med det blev mycket arbete och bekymmer för Pappa.

Pappa var inte så auktoritär som Ongman utan en betydligt mjukare person. Men han axlade detta ansvar i den fasta förvissningen om att han arbetade på Guds uppdrag, det var hans kall.

Det finns i en bok som jag just nu inte kommer ihåg vem som skrivit skildringen av hur skilsmässan mellan ÖM och Baptistsamfundet gick till. Där berättas det om hur Pappa så länge som möjligt ville undvika stridigheter medan andra inom ÖM var mer stridbara. Jag har svaga minnen av att Pappa de här åren var pressad.

ÖM bildade inte ett regelrätt samfund på samma sätt som Missions- och Baptistförbundet utan fortsatte att vara en förening med samverkande församlingar. Jag vet inte hur den juridiska statusen såg ut. ÖM hade om jag minns rätt i storleksordningen tolv – fjorton tusen medlemmar, varav den största fanns i Örebro, Filadelfiakyrkan med 1200 medlemmar. Pappa och Mamma och senare även jag, Per och Margareta var medlemmar i Filadelfiakyrkan. I Immanuelskyrkan var vår farbror Gottfrid pastor – pappa var diakon (äldstebroder) och vice ordförande i Filadelfiaförsamlingen.

Här kanske det kan vara på sin plats att på nytt beröra Pappas bakgrund. Han växte upp i södra Närke som äldst i en syskonskara med tre pojkar och fyra systrar. Familjen, särskilt min farmor fångades upp av den i slutet av 1800-talet aktiva frikyrkorörelsen, som bl a fick stor framgång som motvikt mot det omfattande superiet. Pappa blev baptist ganska tidigt. Det ledde till att han också blev vapenvägrare och fick några månaders fängelse för att han vägrade bära vapen. Så gick han på Ongmans Missionsskola i Örebro och utbildade sig till pastor. Detta tilltalade Farmor och jag kan inte komma ifrån tanken att det var hon som sedan förmådde mina båda farbröder Gottfrid och Erik att också bli pastorer. Men de tre var helt olika människotyper och hade olika förutsättningar för pastorskallet.

Att vara pastor innebär dels att predika men också att vara själasörjare, att kunna samtala med församlingsmedlemmarna på ett inte bara teologiskt utan också socialt bra sätt. Som jag minns Pappa var han en bra skribent och en bra predikant. Jag tror däremot inte att han var lika bra på att vara den som församlingsmedlemmarna vände sig till för att samtala. Kanske var det därför han blev redaktör och missionsledare i stället för församlingspastor. Där tror jag han hamnade rätt i sin gärning. Pappa var alltså ordförande i ÖM. Jag tror att han i den rollen vare mer ledare än chef. Men det var andra i styrelsen som var stridbara. Pappa var en som ville samarbeta med alla – han var en "fridens" man. Jag minns att han ibland kunde vara lite ledsen över att andra kunde ta för sig på ett sätt som inte låg för honom. T ex John Magnusson som var missionssekreterare för den s k yttre missionen. Han ordnade med att få åka på inspektionsresor till Kina, Indien, Kongo och Brasilien, vilket naturligtvis var unika upplevelser på ett helt annat sätt än idag. Men Pappa kom inte längre än till Norge, Danmark och Finland.

På hösten 1937 fick jag en kraftig öroninflammation. Mamma ville åka iväg till Lasarettet med mig, men Pappa ville först be till Gud att han skulle bota mig. Så pappa bad och smorde mig med olja i pannan så som det står i Bibeln. Mamma och mina syskon deltog säkert i bönen. Men inget hjälpte så till slut gav Pappa med sig och tog mig till Lasarettet där jag opererades omgående, det var i sista sekunden jag kom in. Det här var innan det fanns antibiotiska preparat som kunde hjälpa utan operation.

Så gott som varje lördag och söndag var Pappa bortrest någonstans i landet och fick då bo hemma hos någon medlem i den församling han var kallad till för att komma och predika. Det var säkerligen inga nöjesresor med många timmar i 3:e klass på tåget. Vi barn tyckte det var tråkigt och jag kan föreställa mig att Mamma tyckte detsamma, men hon klagade aldrig. Jag minns att jag sa till Mamma en gång: "kan vi inte binda Pappa så att han stannar hemma"

Jag minns julaftnar, särskilt på Slottsgatan. På morgonen tog Pappa med mig och Svenne och Per, när de blev stora nog, för att köpa gran, som vi bar hem från Stortorget. Vi klädde granen och så småningom blev det julfirande. Sedan satte Pappa sig och skrev julkort till alla som han besökt under året och gick till brevlådan med en försvarlig bunt kort. På den tiden var det postutdelning både på Juldagen och Annandagen så förhoppningsvis kom korten fram innan julen var över.

Pappa och Mamma tyckte nog att det blev för dyrt med tre pojkar som behövde gå till frisören. Så Pappa gick till järnhandeln och köpte en manuell hårklippningsmaskin. Men det var inte en syssla som passade Pappa så den maskinen blev aldrig använd. Däremot fick Mamma Pappa att hjälpa till att bädda deras sängar.

Ofta fick jag och mina bröder följa Pappa på en kvällspromenad till järnvägsstationen för att posta ett sent brev eller till tryckeriet som låg på andra sidan järnvägen. – Jag nämner inte Margareta här. När hon var så stor att hon kunde gå med var jag mer intresserad att gå på "ströget", Storgatan – Drottninggatan, med mina kompisar än att gå ut med Pappa.

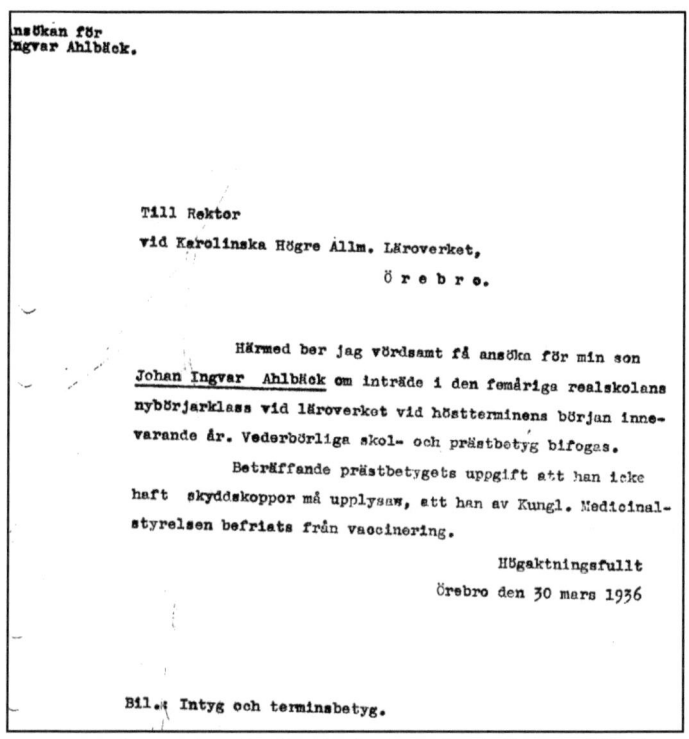

Till Rektor

vid Karolinska Högre Allm. Läroverket,

Ö r e b r o.

Härmed ber jag vördsamt få ansöka för min son Johan Ingvar Ahlbäck om inträde i den femåriga realskolans nybörjarklass vid läroverket vid höstterminens början innevarande år. Vederbörliga skol- och prästbetyg bifogas.

Beträffande prästbetygets uppgift att han icke haft skyddskoppor må upplysas, att han av Kungl. Medicinalstyrelsen befriats från vaccinering.

Högaktningsfullt

Örebro den 30 mars 1936

Bil. Intyg och terminsbetyg.

Ansökan om inträde i Karolinska läroverket för Ingvar Ahlbäck.

Pappa var aldrig välbetald och vår familjeekonomi var ansträngd som hos många på den tiden. Trots det fick vi alla fyra barn gå på läroverk. Jag gissar på att det i första hand var Mamma som drev på att vi skulle få utbildning. Jag var först och tog realexamen 1941 och studenten 1944. Jag minns inte mycket av firandet, men säkert var både Mamma och Pappa och tog emot mig vid Karro. Hemma var det kaffekalas med en massa gott kaffebröd, som Mamma hade sparat ihop till trots ransoneringstider.

Pappa fick tyvärr aldrig uppleva att vi blev färdiga med våra yrkesutbildningar. Men han fick uppleva att Svenne kunde vikariera på Röntgenavdelningen på Örebro Lasarett. Jag minns en gång när Svenne hade anförtrotts jouren och kom hem med de arvoden han fått under dagen – det gick till så på den tiden.

25

Svenne hade då på en dag tjänat nästan lika mycket som Pappas månadslön. När Per vikarierade som folkskollärare ett år hade han högre lön än Pappa. Jag minns att Pappa då förstod hur låga lönerna inom ÖM var. En stor del av intäkterna kom in i form av kollekter så det var inte kutym med höga löner. Det var andra värderingar då än som framkommit av dagens ideella verksamheter som Röda Korset m fl.

Slutord

Pappa var en fin man som jag är stolt över. Han var intellektuell och rättrådig och hade säkert kapacitet att komma långt i en miljö som varit mindre begränsad än inom ÖrebroMissionens innersta krets. Jag minns att han blev tillfrågad om att ställa upp som riksdagskandidat för Folkpartiet, men han såg sitt kall vara inom ÖM.

Pappa har inte gått till hävderna som en "stor man" men han gjorde en viktig, gudfruktig livsgärning med en stark tro. Han betydde mycket för många människor men mest för sin familj.

Om Pappa idag hade kunnat se vart hans fyra barn, nio barnbarn och sexton barnbarnsbarn nått i livet hade han varit stolt och glad. Det är Mamma och hans omsorger och uppoffringar som lagt grunden till våra goda liv!

SVEN-OLOF I MEMORIAM

Sven-Olof Emanuel Ahlbäck föddes den 21 september 1927 på Nygatan 79 i Örebro nära Eyravallen (nu Behrns arena). Ingwar var två år och familjen hade brutit upp från Hallsberg. Pappa som tidigare var pastor i baptistkapellet Salem hade lämnat sin tjänst för att hjälpa John Ongman med centrala uppgifter för Örebro Missionsförening och vara redaktör för veckotidningen Missions Baneret. Sven-Olof var 21 år gammal när pappa dog.

Sven-Olof avled i februari 1995. Vi syskon saknar honom oändligt och kan föreställa oss hur han med entusiasm och kreativitet skulle ha deltagit i det här projektet. Han var en god skribent.

(Text Margareta Björndahl)

Pappa och Sven-Olof i Kämpinge. Sven-Olof har en segelbåt i handen.

Familjen Algot Ahlbäck

Ett inramat familjefoto från 1932 (?). Ingwar – den äldste sonen – står mellan mamma och pappa, Sven-Olof och Per-Gunnar sitter. De båda äldsta sönerna är klädda i sjömanskostymer vilket var ett populärt klädesplagg för pojkar. De var om jag minns rätt mörkblå med stora vita kragar. Per Gunnar som troligtvis är tre år gammal är klädd i en liten koltkostym med vit krage. De tre pojkarna har så kallad polkafrisyr som är noggrant kammad och glänser från fotografens blixtar.

Fotografen är Eric Sjöqvist som hade fotoateljé på Storgatan i Örebro och var en anlitad fotograf av ÖrebroMissionen.

Det här var en väletablerad familj som hade ett borgerligt hem i skuggan av Olaus Petrikyrkan. Några år senare skulle konstellationen förändras när jag Margareta kom till världen.

Transportmedel i Skåne

Cykel var det transportmedel som brukades. De vuxna hade två små barn var på cykeln, så småningom fick de äldsta egna cyklar. Man cyklade till Skanör och Falsterbo, till Trelleborg och Höllviksnäs och till andra platser i den sydvästra delen av Skåne.

Pappa med hela barnaskaran.
Från vänster kusin Kjell, Sven-Olof, Ingwar, Margareta
och Per-Gunnar.
Förmodligen sommaren 1937.

Musikalitet

Både pappa och mamma var musikaliska och hade bra sångröster. Pappa sjöng solo vid mindre möten och på fester. Jag (Margareta) minns särskilt en fest hos Svanströms. De vuxna satt i salongen men pianot stod i matsalen bredvid. Pappa ombads sjunga och stod i dörröppningen. Jag satt med Ingrid och Elisabeth i matsalen och så gjorde också Henry och Gustav. Vi satt alltså bakom pappa. Då såg jag till min förskräckelse hur Henry mimade och gjorde narr av pappa bakom hans rygg. Det sårade mig djupt.

Sven-Olof med pappas fiol. Han läser noter.

Från början fanns en tramporgel i vårt hem. Det var ett vanligt instrument i hem, det fanns ju också i alla skolsalar. Men när vi flyttat till Skolgatan försvann orgeln och vi fick ett. Men både moster Lotten och morbror Ture hade orgel som vi spelade på under sommaren och sjöng.

På bilden ovan sitter Sven-Olof djupt försjunken i ett nothäfte. Han är väl nio-tio år. Han har fått pappas fiol och fick lära sig spela på Karolinska läroverket. Så gjorde även Per-Gunnar. Sven-Olof fortsatte att spela upp på gymnasiet.

Jag minns att vi en gång var bjudna på en fest hos farbror Gottfrid Ahlbäck i Immanuelskyrkan. Det kan ha varit ett bröllop för någon av hans barn. De hade önskat att Sven-Olof skulle spela fiol vilket han också gjorde ackompanjerad av Tyra

Karlsson som var kantor där. (Jag lärde mig senare spela piano för henne.) Jag var omåttligt stolt över min duktige bror och så var både mamma och pappa.

Per-Gunnar och Sven-Olof är de av oss syskon som blev duktigast att traktera instrument. Våra föräldrar var uppmuntrande.

Det fanns på 1940-talet ett radioprogram där en inspelningsbuss körde runt i olika städer och folk på gatan fick önska sig musik. Bussen var i Örebro och mamma satt med örat intill radion när hon hörde sin son Sven-Olof önska sig Beethovens Ouvertyr från Egmont. Dagen efter fanns en artikel i den lokala tidningen som beskrev hur en ung man klädd som swingpjatt förvånat programledaren genom sitt val av musik.

Realexamensfest 26 maj 1943.

Kamrater och vänner

Filadelfiakyrkans alla ungdomar är samlade för att fira Sven-Olofs och Rudolf Erikssons realexamen. Fotot illustrerar den vikt av utbildning och kunskap som fanns i vårt barndomshem. Trots begränsade ekonomiska tillgångar och en familj på sex personer lyckades våra föräldrar på ett för oss nu obeskrivligt sätt låta oss alla fyra barn studera på läroverket. Detta innebar under 1940-talet tre real- och tre studentexamina. (Mina examina inföll under 1950-talet, då pappa var död.) Dessutom fyllde både pappa och mamma femtio år under det decenniet. Allt firades med stora fester med ett hundratal gäster varje gång, sju sorters kakor och kaffe på riktiga bönor trots att Andra Världskriget pågick.

Det var inte bara mat som skulle köpas, vi bodde centralt i Örebro och hade inte tillgång till naturahushåll av något slag. Men moster Greta i Linköping hjälpte oss med ransoneringskuponger inför sådana fester.

Det gällde också att skaffa kläder för oss som växte år från år. I vårt hem fanns piano och fioler till Sven-Olof och Per Gunnar. Vi köpte läroböcker och skolmössor. Titta bara på de två sextonåriga pojkarna på fotot i sina mörka kostymer, vita skjortor, slips eller fluga och med grå mössor och lagerkrans på rockslaget!

Ett tidstypiskt foto men också dokumentation av hur vår uppväxt var med ordning och reda och alltid omgivna av många jämnåriga vänner.

Sven-Olofs karriär

Efter studentexamen på Karolinska läroverket gjorde Sven-Olof några månaders militärtjänst inom flottan men började därefter studera medicin på Karolinska institutet i Stockholm. Han specialiserade sig på röntgen och disputerade 1968 på avhandlingen *Osteoarthrosis of the Knee*, A radiographic investigation (Acta Radiologica, supplementum 277). Resultatet av hans forskning används fortfarande inom ortopedin. Därefter tjänstgjorde han fram till sin pension på Sankt Görans sjukhus i Stockholm.

Sven-Olofs söner, barnbarn och barnsbarnsbarn av manligt kön heter alla Emanuel som andra namn.

32

PAPPA OCH PER GUNNAR

Jag, Per-Erik Gunnar Ahlbäck, född 31 december 1929 och i skrivande stund ännu inte helt död, har här nedtecknat mina minnen av min fader, Algot Emanuel Ahlbäck född 1890 och död 1949. Mina minnen är sålunda nästan sjuttio år, de flesta betydligt äldre och därför säkerligen påverkade av tidens gång. Dock kan de möjligen bidra till, att ge en bild av, vem min pappa var. Detta till båtnad för mina barn, deras kusiner och alla barnbarn, som när de själva håller på att bli äldre, kanske blir nyfikna på hurdan han var, Signes man, vars gener fortlever i Er, hans avkommor. Morkarla i maj månad 2018 / Gunnar Ahlbäck

Min pappa

Min Pappa var en stor man, Det märkte jag, när jag som fem-sex-åring försökte krama honom. Jag nådde inte om hans stora mage. Så jag fick krama framsidan av honom. Egentligen vet jag inte hur tjock han egentligen var i det stora hela. Det var bara det att han hade en präktig kulmage. Men det var ändå inget skönt att krama honom. För han var alltid klädd i väst, och i västfickan hade han sitt stora fickur med klockkedja som man skrapade sig emot. Och han var ganska lång. Inte ens som student hade jag vuxit i kapp honom. Han var också längre än Ingwar och Sven-Olof. Av oss barn var Svenne längst. Han var väl kanske 183 cm eller så. Men pappa var längre. Kanske en och åttiofem?

ÖrebroMissionens styrelse, där Pappa var ordförande från 1931 till sin död 1949. Till vänster om Pappa sitter John Magnusson, (missionssekreterare), till höger Joel Boström och därefter Gottfrid Ahlbäck. Bakom Pappa: Gunnar Åkerberg, Carl Andin, Albert Eriksson, (ledare för inre missionen), Birger Eriksson, (pastor för Filadelfia församlingen), samt en jag har glömt namnet på.

Jag tror, att Pappa också var stor i flera avseenden. Inte bara för mig som barn. Han var ju ordförande för ÖrebroMissionen, som under vår barndom var en betydande frireligiös rörelse. Han var också huvudredaktör och ansvarig utgivare för ÖrebroMissionens tidning, Missionsbaneret. Vår kyrka hette Filadelfiakyrkan. Det var en baptistkyrka. Och när det var möte där, satt Pappa alltid uppe på plattformen. Också när han inte skulle predika själv. Mamma Signe tyckte att han då satt och grejade för mycket med sin stora näsduk. Det kliade kanske i näsan på honom. Som det ibland gör på mig. Senast inför Tors disputation, så förmanade Christina mig: "Och nu petar du dig inte i näsan!!"

Han var nog stor i flera avseenden, tror jag. Mamma berättade, att när de träffats i samband med s k alliansmöten i Hallsberg, då Mamma var frälsningsofficer, och ledande personer från de olika samfunden i Hallsberg skulle samarbeta och man hade olika meningar om saker och ting, så var Pappa inte mest pratsam. Utan att säga så mycket var han ändå mest dominant och det blev alltid som han sa. Det störde ensajn (en dåtida titel och grad inom Frälsningsarmén mellan kapten och major) Signe Håkansson. Så han hade nog en pondus, där han var verksam. Tydligen attraherade det ändå Mamma på något sätt. Det hela resulterade i att de kom att skriva långa kärleksbrev till varandra, vilka Mamma förvarade i en bunt förseglad med rött sidenband. Tyvärr brände hon dem något år innan hon dog.

– Ja, jag vet att Pappa också i sin egen syskonkrets var "den store", trots att han hade två bröder, som också var pastorer. Och jag tror att åtminstone Gottfrid satt i ÖrebroMissionens styrelse.

Av det nämnda kan det verka som att Pappa var en tung, allvarlig person. Men det tror jag ingen i familjen uppfattade honom som. Han var visserligen ofta borta på predikoresor och konferenser. Humor hade han, utan att vara skojsam. Men åtminstone upplevde jag atmosfären hemma som ljus, varm och glad. Skulle mina syskon ha avvikande mening, så har de fel.

Vi kom ju alla hem och åt frukost tillsammans. Det hette inte lunch på den tiden. Skollunch fanns inte. Man sade frukost och hade frukostrast och då gick man hem och åt. På Skolgatan, var det nästan stående, att Pappa vid frukosten frågade: "Något nytt från skolfronten?" Eftersom vi alla tre bröder samtidigt gick i Karro, läroverket, så blev det alltid ett livligt redogörande för än det ena, än det andra av upplevelser. Mest förstås något om våra lärare, som nästan alla hade öknamn och som både Mamma och Pappa kom att lära sig namnen på. Där fanns t ex Storken, Jaken, Fimpen och Gummigutta. Storken, adjunkt i biologi, var en ökänd sadist, som det ofta blev tal om, när han hade trakasserat någon stackare, som hade särskilt svårt för sig. Ofta var det lustigheter, som hade tilldragit sig.

Pappa deltog alltid med intresse och kom väl med ett och annat inpass. Själv bidrog han, särskilt efter någon resa, med någon roande eller intressant episod. Men hans förråd av roliga historier, var kanske något begränsat. Några kom nog att upprepas. Men när de berättades, tyckte vi de var hejdlöst roliga. Något som man i efterhand kanske inte gör. Åtminstone inte i lika hög grad.

En gång berättade han, att när han gästade ett hem, så bjöds det på pannkakor. Husmodern i hemmet hade lagt fram en duktig hög på ett fat och så bjöds det sylt till. Pappa lät sig väl smaka och högen krympte. Men till slut brast det för en liten grabb, som stod vid sida om bordet och iakttog det hela. Han knöt näven när Pappa var på väg att ta ytterligare en pannkaka och utbrast: "Tar du den också, så..." – Pappa hade omedelbart avslutat konsumtionen. Och när han återberättade händelsen skrattade han hjärtligt.

Ibland kunde hans historier vara mörka och kusliga. Han berättade om ett hus, som det spökat i. När det blev fråga om varför, så tog värden med sin undrande gäst ner i källaren. Plötsligt hade han en yxa i handen. Det blev litet skrämmande när han lyfte yxan. Men han drämde den i en stor vedkubbe och sa: "Här högg den förste husägaren huvudet av sin hustru."

Litet roligare var det med den tankspridde prästen, som efter ett besök i hemlighuset, kom upp i predikstolen med dasslocket under armen i ställe för portföljen.

Eller historien om de två luffarna, som kom till en gård och blev bjudna på mat. På bordet stod en kruka med senap. "Vad är det där för slag", undrade den ene luffaren, som aldrig varit i

36

kontakt med denna krydda, "en får väl smaka." Så tog han en duktig matsked med senap och svalde. Ansiktet skrynklades, och tårarna började rinna på honom. "Vad gråter du för?", undrade den andre luffaren. När den förste väl kunde svara, ville han inte låtsas om, att burkens innehåll var litet väl starkt för att inmundigas skedvis, så han sa: "Jag gråter för att jag kom att tänka på hur ledsamt det var med min gamle far, när han dog." Nu var det den andre luffarens tur att smaka på burkens innehåll. Han tog en lika stor sked med senap och svalde den. Och liksom kamraten började han grimasera sig och tårarna började rinna. "Vad gråter du för?", frågade nu den första luffaren. Och den andre svarade: "Jag gråter för att inte du dog samtidigt som far din."

Så nog hade Pappa humor. Även om han inte var världens bästa historieberättare. Förresten så kan jag själv inte särskilt många historier. Och inte är jag särskilt duktig att berätta lustigheter heller.

Men skola blev det mycket av på 1940-talet. Skola och högtidsdagar. Att Mamma och Pappa klarade upp det, var storartat. Arbetsmässigt drabbade det givetvis Mamma mest. Men visst deltog Pappa och var med och tog emot vid examina. Och skaffa fram pengar till allt fick han ju göra. Det var först efter hans död, som vi barn fick klart för oss, hur kämpigt det varit.

Som sagt var 1940-talet de stora festernas och examinas decennium. Det var väl bara 1942 och 1947, som det inte var något särskilt.

1940 fyllde Pappa 50 år
1941 tog Ingwar realexamen
1943 tog Sven-Olof realen
1944 tog Ingwar studenten
1945 tog jag själv realen och
     2dra september fyllde Mamma 50 år
1946 tog Sven-Olof studenten
1948 tog jag själv studenten
1949 var sorgens år, då Pappa dog. Han arbetade ihjäl sig.

Pappa var givetvis med vid alla examina, kramade om oss och hängde blommor om våra halsar. Man tänker ofta på, hur han hade glatt sig, om han hade fått vara med och fått ta del av våra yrkeskarriärer. Ingwar, som blev civilingenjör, Svenne, som blev läkare, jag som blev lärare och Margaretas rad av examina t o m hennes disputation och doktorsexamen. Ingwar räknade ut, att Pappa i dag skulle kunna räkna in sju stycken ätteläggar, som var disputerade. Han hade varit stolt. De icke-disputerade kan inte heller skämmas för sig med sina framgångsrika karriärer. Heder åt Dig Pappa. Det är Dina och Mammas gener, som går igen.

På Slottsgatan 39A

På Slottsgatan bodde vi tills jag fyllde sex år. I alkoven innanför köket fanns det en kökssoffa, ett bord och fyra blåmålade stolar och i köket fanns det en marmorbänk framför fönstret. Alkoven var ett litet rum med ett litet fönster, som vette åt Lillågatan och Olaus Petrikyrkans kyrkogård. Där fanns ett bisättningsrum, där vi någon gång kunde se någon tant, som var kissnödig och i skydd av den lilla byggnaden drog upp kjolarna och lättade på trycket. Det var en oerhörd och skakande upplevelse.

Medan vi bodde på Slottsgatan sysslade Pappa i alla fall med oss barn en hel del. Ja, kanske inte så mycket när vi var i blöjåldern. Men jag har sett något foto, där han hjälper till att bada något barn i en zinkbalja. Fast det var nog på Nygatan, där vi bodde innan Slottsgatan.

Mamma klagade någon gång, att hon aldrig kom hemifrån. Hon kunde inte ens gå till något möte i Filadelfiakyrkan. Men en gång skulle hon i alla fall få gå, och Pappa åtog sig att passa barnen. Men det dröjde inte länge förrän han ringde till kyrkan. Någon tog väl telefonen och bland de flera hundra kyrkobesökarna hämtades Mamma, som fick meddelandet att "Ingwar skriker". Varpå Mamma skyndsamt fick lämna mötet och gå hem.

Pappa är barnvakt till
Sven-Olof och Ingvar.

Men när vi tre barn var större gick det bättre. Det här var innan Margareta sett dagens ljus. Pappa försåg Ingwar och Svenne med en slags korkpistoler, där korken satt fast med ett snöre i mynningen. Jag fick ingen, men minns inte att jag var ledsen för det. Så fick vi en slags trampbil, som man kunde sitta i och styra. Jag minns hur den såg ut, men mest att den var trasig och inte gick att köra med. När Pappa nu någon gång skulle passa barn, så hittade han alltid på något att göra, Han kunde t ex rita av oss. Han var duktig tecknare och hade gjort några brev på en Hermodskurs i teckning. Men jag tror aldrig att han fullföljde den. Eller också kunde han fotografera oss. Han var inte heller någon oäven fotograf. Tror jag. Jag har ett starkt minne av att vi sattes upp i den mossgröna inventionssoffan och befalldes att sitta alldeles stilla. Pappa riggade upp kameran på ett stativ, ställde in nödvändiga värden. Och släckte ljuset. Så tände han en magnesiumblixt, som han hade hängt upp på en gardinstång med ett draperi. Och där satt vi i kolmörkret tills efter en evighet plötsligt blixten kom och bländade oss. Men foton blev det. Även om vi som var med på bilderna ibland såg vansinniga ut med vilt stirrande, uppspärrade ögon. Tyvärr har jag inte hittat någon av dessa bilder i mina gömmor.

Jag tror att det också var medan vi bodde på Slottsgatan, som Pappa hade skaffat en kristallmottagare, föregångare till radioapparaten. Jag har kanske kvar den på vinden. Det var en liten rund mojäng. Där fick man greja med en liten anslutning, för att kunna höra knaster i de tillhörande hörlurarna. Jag kan inte minnas, att man hörde ordentligt från någon radio-utsändning.

Pappa kom för det mesta sent hem från kontoret. Det låg på Storgatan på höger sida, på andra våningen i andra eller tredje huset efter att man passerat Järnvägsgatan. Där gjordes allt redaktionsarbete till Missionsbaneret och övriga tryckta alster från ÖrebroMissionen t ex jultidningar. Pappa var huvud-redaktör och ansvarig utgivare och hade till sin hjälp den fine poeten Sven Larsson och den duktiga kontoristen Greta Fritz.

Pappa och Greta Fritz på kontoret på Storgatan.

På vägen hem från kontoret passerade Pappa en korvkiosk innan han svängde av förbi parken söder om Olaus Petrikyrkan på väg till Slottsgatan. I kiosken kunde han köpa med sig varm Sibyllakorv åt oss. Man hörde nycklarna rassla i stora dörren till tamburen, när han kom, Och så ropade han: "Varm korv!" Det blev fart på oss pojkar upp ur sängarna, och så fick man ett litet fyrkantigt korvpapper med den varma korven. Och vi var saliga. Jag vet inte hur många gånger det hände, men den njutning det var, vilken fest det var, sitter i minnet mer än åtta decennier senare.

Så har jag ett diffust minne av att vi hade stenkulor, som Pappa lärde oss sätta upp som en pyramid. En av oss bröder satt med benen isär och kulpyramiden mellan benen och fångade alla kulor, som missade att slå ner pyramiden. Spelet försiggick i den smala och i minnet mycket långa korridoren utanför badrummet. Den som lyckades, fick bli ny pyramidbyggare och kulfångare. Jag var visserligen minst, men fick ändå vara med. Leken var hejdlös lustfylld. – Någon gång skulle vi också brottas. Men då förlorade jag alltid.

Och Pappa lärde oss sånger. Vi hade en stor svart orgel i stora rummet och på den spelade Pappa. Han var nog inte någon dålig organist. Redan som sextonåring hade han fått spela på orgeln i Stora Tuna kyrka. Men åter till småbarnsåldern på Slottsgatan. Vid något tillfälle hade Pappa fått för sig att vi pojkar skulle sjunga på engelska. Av det minns jag bara en enda strof: *Maj präsches lård, häss gått maj hart.* Men jag minns också melodin. Och det är ju vackert så. Undrar just om Ingwar minns den vackra strofen?

41

Pappa metar.

Skolgatan 11 A

När vi flyttat till Skolgatan, som blev vår egentliga uppväxtmiljö, så kom nya aktiviteter in i bilden. Ett par gånger tog Pappa med oss pojkar ut till Oset för att meta. Han hade själv ett isärtagbart långt spö. Åt oss tillverkade han spön av långa kvistar. Jag minns inte hur det gick till. Men de fungerade visst. För jag minns den återigen lustfyllda upplevelsen, när vi fiskade med Pappa. Om vi fick några fiskpinnar, minns jag inte. Men släpade vi hem dem och förväntade oss att få dem tillredda, så blev Mamma sannolikt inte överförtjust.

Pappa lärde oss också att laga punkteringar på våra cyklar. Åtminstone har jag minne av att han instruerade mig i denna ädla och ack så nödvändiga konst. För under hela min tid fram till Göteborgstiden var fortskaffningsmedlen benen och cykeln. Man gick och cyklade. När jag kom till Göteborg tillkom buss och spårvagn. Tillgång till bil fick jag först på 1960-talet. Och detsamma gällde för folk i allmänhet. Pappa hade följaktligen inte heller körkort.

När det var examen och vi kom hem med våra betyg, så hade Mamma dukat upp med tårta och sockerdricka. Åtminstone minns jag det så. Så det måste väl ha hänt någon gång. Och Pappa hade kommit upp från kontoret. Så fick vi visa våra betyg och begrunda vilka som var orättvisa och i vilka ämnen man hade blivit felbedömd. Men jag kan inte minnas, att man någonsin fick förebråelser.

När det gäller betyg, så minns jag särskilt ett tillfälle. Jag var elva år och min kristendomslärare, Hugo Sommarström, hade några dagar före terminsavslutningen gått igenom, vilka betyg vi skulle få. Och jag skulle få AB. Det var ett högt betyg på den tiden i läroverket. Ett par dagar senare fick jag en Bibel i guldsnitt och med mitt namn tryckt i guld utanpå pärmen. På försättsbladet hade Pappa textat: *Per-Gunnar Ahlbäck, med anledning av ett AB i kristendom i läroverket. 20/5 1941. Ps 119:9, 105, 165. Mamma och Pappa.* Det är fortfarande den bibel jag använder. Och bibelorden har jag klara för mig. Händelsen visar hur mycket Pappa brydde sig. Och att han ville betona hur viktig kristendomen var. För den skull upplevde man aldrig, att det religiösa påtvingades oss. Att man i barn- och de tidiga tonåren följde med till kyrkan och gick i söndagsskolan var bara naturligt. När man kom upp i åren och inte ville gå, var det ingen som sade något om det.

I Kämpinge

På somrarna åkte vi ner till Kämpinge så fort skolan var slut. Mamma hade packat en stor koffert och ett par blytunga jätteväskor med kläder och allt vad familjen behövde för de två månader vi skulle tillbringa hos moster Lotten. Ja, där fanns förstås inte bara moster Lotten utan också morbror Magnus och kusin Kjell. Och dessutom fylldes gården med flera av släktingarna på Mammas sida. Mormor var självskriven. Så morbror Ture och moster Ella. Och ibland kom moster Greta och Karl-Axel. När deras barn Lilla Margareta och Jan hade kommit till världen, så kom de också. Jag höll på att glömma kusin Britta, moster Adas dotter. Hon var där och äldre än Ingwar. Under senare år hade hon med sina olika karlar i tur och ordning.

Pappa kom ner till Kämpinge ett par veckor under mitten på sommaren. Då hade han regelmässigt med sig korrektur, som skulle läsas. Kanske hade han också med sig en skrivmaskin. Men om det är jag osäker. Däremot minns jag hur vi fick följa

Pappa läser korrektur i Grottan på Backen i Kämpinge.

honom till Kungstorp för att posta konvoluten med de korrigerade artiklarna, som skulle in i någon av de jultidningar som måste färdigställas sommartid, De Gamlas jul, Vinterhälsning, Jul för de små, och allt vad de hette. När jag var större fick jag cykla själv och posta försändelserna i Kungstorp, som var den närmaste järnvägsstationen.

När vi badade var Pappa med. Han kunde inte crawla lika elegant som morbror Ture och morbror Albin. Nej, Pappa kunde inte crawla alls. Men han kunde simma bröstsim hjälpligt. Och han försökte lära oss barn simma, genom att hålla oss under hakan. Det hände väl inte så många gånger. Men det hände.

Starkast minnesbild av Pappa vid sjön har jag, när han gick längs stranden med Margareta vid handen. Hon var ju Pappas flicka.

Mamma och Pappa solbadar vid stranden framför badhuset.

Vårt badhus var först rött och ganska smalt, men byttes på 40-talet ut mot ett större cuprinolat. Jag var med, när det fraktades dit och sattes upp.

Pappa gick överhuvudtaget ofta i tankar på långa promenader. Ibland gick han ut över Ljungen, ibland ner till Gamlegård. Var vi med där, så satte han upp oss i "tornen", och fotograferade oss. Tornen var uråldriga träd, som i hednatiden lär ha varit tillägnade asagudarna.

När Pappa inte hade något annat att göra, var han ute hos morbror Magnus i verkstaden. Morbror Magnus var snickare. I verkstaden hängde vagnshjul och allsköns mallar på väggarna. Stämjärn och mejslar satt i sina fack ovanför någon av snickarbänkarna eller låg tillsammans med hammare och tänger litet här och där. Bredvid den stora ingångsdörren stod det en bandsåg, som drevs med handkraft. Att veva den fick vi alla, som var tillgängliga, hjälpa till med. En sommar fick Pappa för sig att han skulle göra en segelbåt åt oss pojkar, som vi skulle kunna leka med nere vid sjön. Han höll på väldigt länge med tillverkningen. Han hade utgått från ett stort trästycke, som han formade till ett båtskrov och sedan urholkade. Det skulle bli en ståtlig fullriggare. Vi var alla mycket spända på resultatet. Båten blev till sist färdig, rundbottnad och fin och utrustad med vita segel och allt. Så bars den ner till sjön och det var med stor spänning den sjösattes. Jag vill minnas att den flöt. Åtminstone till en början. Men den ville inte hålla sig upprätt utan lade sig direkt på sidan. Den ville inte segla alls, utan tog in vatten och sjönk. Den fanns visst kvar ett par år som minne. Sedan försvann den för gott.

Sven-Olof och Per-Gunnar i "Tornen".

På somrarna från det jag var fjorton - femton år jobbade jag på gårdar i byn. Pengarna, som jag tjänade, lämnade jag i stort sett till Mamma. Men ett år, jag tror jag var fjorton, så fick jag använda en summa att köpa mina första oljefärger och penslar för. Jag tog mig till Malmö till Wingårds färghandel och köpte mitt livs första oljetuber.

Pappa målar av moster Lottens hus.

Det var smala s k studiefärger. Men jag visste vilka färger jag ville ha. Men någon pannå blev det inte från början. Min första målning i olja gjorde jag på en ogrundad pappskiva, som sög alldeles för mycket färg. Nåja, så småningom skaffade jag mig ett par färdigpreparerade pannåer.

När Pappa kom till Kämpinge och fick höra om mina nya material, så ville han låna dem. Han hade aldrig i hela sitt liv fått pröva på att måla med olja. Och det var en dröm han hade haft. Självklart fick han låna mina färger och penslar. Och denna och kommande somrar, målade han. Han ställde upp det primitiva staffli som jag tillverkat, på olika platser och målade. Han stod ute på vägen och avbildade omsorgsfullt moster Lottens hus med skolan, där hon tjänstgjorde, i bakgrunden. Det blev en utmärkt tavla, som moster Lotten fick. Han målade vägen, som slingrade sig ner mot fiskarstugorna vid Gamlegård. Den har Margareta idag. Var hans övriga målningar finns, vet jag inte. Utom en målning, som han hade påbörjat och som han bad mig göra färdigt en av de sista gångerna jag talade med honom. Han tog faktiskt löfte av mig, att jag skulle göra den färdig. Den blev också klar med tiden, och hängde hemma hos Mamma, så länge hemmet fanns kvar i Örebro. Den skänkte jag senare till Kjell. Den föreställer den Ekelundska gården, som den såg ut i slutet av 1940-talet. Och som det finns mycket litet kvar av i dag. När jag gav den till kusin Kjell, så blev han rörd, och kallade in sina båda döttrar, Christina och Gunilla att se. I dag räknar Gunilla den som en av sina viktigaste ägodelar. På baksidan har jag skrivit, att den påbörjades av Pappa och fullbordades av mig med respektive årtal. Det är en vy av "Eikelons" i Kämpinge, som det tedde sig och ter sig i mitt minne. Pappa målade bra och hade av allt att döma kunnat bli en utmärkt konstnär, om han haft tillfälle att utveckla sin talang.

Pappa vid mitt staffli.

Uppenbarligen var Pappa en rikt begåvad människa med många talanger. Men så ser man det ju inte som barn. Man accepterar de sina sådana de är. Pappa var pappa. Och vi älskade honom. När man själv blir äldre börjar man kanske mera fundera över: Vem var han? Hurdan var han? Hur hade det varit, om jag fått uppleva honom då jag själv var vuxen.

Pappa visade många gånger sin uppskattning av det jag som barn och ung åstadkom i fråga om teckning och måleri. En gång kom han upp från kontoret, där man tydligen hade diskuterat hur svårt det var att dra en rät linje på fri hand. Jag begrep ingenting, utan fick tag på ett papper och en penna och ritade en lodrät, mycket rät linje. "Ja", sa Pappa, "det går väl an med en lodrät linje, men nu gällde det en vågrät." Då ritade jag en vågrät linje över hela papperets längd och dessutom en nästan perfekt cirkel. Och Pappa sa: "Det där gör du bra, det är inte många som kan." Uppenbarligen var han lite imponerad och gladde sig över min färdighet. – Vid ett annat tillfälle, något av de sist åren han levde, tog han med sig ett par tre av mina akvareller ner till Göteborg, där han i samband med sitt predikobesök gästade en konsthandlare. Han visade tydligen upp mina alster och fick ett mycket positivt omdöme med sig och ett löfte, att jag skulle kunna lämna in målningar till vederbörande konsthandel för försäljning. Pappa var mycket stolt. Själv gjorde jag aldrig något åt saken. Förresten har jag aldrig känt mig konstnärlig, utan har bara haft något slags behov av att teckna och måla. Men, det är klart, att Pappas uppskattande yttranden, har jag burit med mig genom åren.

Jag har egentligen inte någon uppfattning om hur Pappa var som predikant. Det var ju en av hans huvudsysslor bredvid redaktionsarbetet och ordförandeskapet i Örebro Missionsförening. Ja, jag vet givetvis hur han lät. Han hade en mäktig och kraftig röst. Och var en utmärkt sångare. Emellanåt sjöng han solo vid gudstjänster. Jag var inte särskilt förtjust i de sånger han sjöng. De var litet ovanliga. Sånger, som jag minns att han sjöng var t ex "Jerusalem" och "Drag ej så hårt, i böneklockans lina." Den förstnämnda är ju nuförtiden känd för folk. Då den är ett obligatoriskt inslag i The Last Night of The Proms årliga TVsända konsert, som går ut över hela världen. Pappa sjöng in ett par grammofonskivor på ÖrebroMissionens eget förlag, Hemmets härold. Jag har dem i min ägo, men har inte lyssnat på dem mer än någon gång för länge sen. Jag måste se till att jag får höra dem på nytt innan det är för sent och jag inte hör längre. Att Pappa kunde spela orgel har jag redan nämnt. Efter att vi 1938 hade flyttat från Slottsgatan till ÖrebroMissionens hus på Skolgatan, köpte Pappa ett piano, ett stort, svart Malmsjöpiano. Någon gång spelade Pappa på det liksom på sin gamla fiol. Men det blev med tiden allt mer sällan, då Svenne och jag höll igång musiken. Svenne var duktig violist och jag kompade honom. Svenne hade fått ta över Pappas fiol. En gång fick han med sig Svenne att spela solo på någon kyrklig förrättning utanför Örebro. Efteråt var Pappa mäkta stolt över Svenne.

Pappa jordfäster Farmor. Lerbäcks kyrka hösten 1948.
Jag spelade vid begravningen.
Pappa och jag hade ett samarbete, som flöt fint tack vare Pappas rutin och trots det känslosamma i att det var Farmor, som jordfästes. Kyrkan var proppfull.

En gång höll han morgonandakt i radio. Det var nog något av krigsåren och på den tiden, när det bara fanns ett program. Det gjorde, att stor del av landets folk hade hört det. Och visst blev det påtalat av kamrater i skolan. Jag vill inte påstå att jag skämdes över Pappa, men var heller inte helt bekväm med det. Min frireligiösa bakgrund var något helt främmande för mina skolkamrater. Men jag minns, att Pappa fick travar med brev efter framträdandet. Jag förmodar både positiva och negativa. Särskilt minns jag ett mycket uppskattande brev från grevinnan Estelle Bernadotte, som i synnerhet gladde Mamma.

Pappa i Krusaa i Danmark vid tyska gränsen. Bilden sannolikt tagen kort efter krigsslutet.

Pappa var en ofta anlitad konferenstalare och reste över hela landet. Ja också till Danmark och Finland. Och fråga är om han inte före kriget också var i Estland någon gång. Det finns eller har funnits någon bok, där personer har skrivit om de bästa predikanter och predikningar de hört. Där skrev Gottfrid om sin bror Algot. Gottfrid, som själv var predikant, såg tydligen upp till Pappa som ett föredöme i predikokonsten. Jag hörde honom inte så ofta, men jag minns att jag tyckte att han predikade länge och höll på med utredningar om predikotexten.

Nere i Kämpinge brukade han sommartid någon gång predika i Missionshuset. När vi barn var små, följde vi givetvis med på mötena. Men där har jag för mig, att han var något lättsammare i sin framställning. Även om han väl aldrig var en folktalare som pastor C. G. Hjelm och sådana, som kryddade sina framställningar med drastiska och roande historier. Sådana där kändisar på frikyrkohimlen kom till ÖrebroMissionen allt som oftast. Pappa bjöd också alltid hem dem. Så Mamma fick med hemmets bristande resurser ändå åstadkomma utfordring. Om inte med annat så i varje fall med kaffe, veteskivor och kakor. Jag tror inte, att Pappa såg detta som den form av representation, som det egentligen var, som kostade pengar och som Missionen borde stå för. Pappas hela livsgärning tillhörde ÖrebroMissionen.

Pappa arbetade jämt. Han var mer kvällsmänniska än morgonmänniska. Att det inte blev egentliga kollisioner i badrum och på toalett på morgnarna, berodde nog delvis på att Pappa började sina morgonbestyr när vi barn gett oss iväg till skolan. Han hade ju kontoret i samma hus. Så han var ju sedan snabbt på plats. Som jag nämnt, kom han upp till de gemensamma måltiderna frukost och middag. Efter middagen brukade han vila på sängen. Då tog han på koftan bak och fram, satte på radion och tog en tupplur, innan han på nytt gick ner till kontoret. Klockan åtta brukade han komma upp och dricka kaffe, för att sedan på nytt gå ner till kontoret och jobba ett par timmar.

Mamma tyckte nog, att Pappa kunde hjälpa till hemma mer med att släpa ner tunga mattor till piskställningen på gården.

Någon gång gjorde han väl det också. Men när vi var tillräckligt stora, så fick vi pojkar hjälpa till med mattpiskning och andra tyngre göromål. Men på fredagar kom tant Lithén hem och hjälpte Mamma. Då försökte jag hålla mig undan och traktade inte heller efter middagen. För då serverades salt sill, tant Lithéns favoritföda.

Pappa var en genomgod person. Jag hörde honom aldrig säga ett ont ord om någon eller klaga på någon oförrätt. Han tog inte heller oss barn i upptuktelse vad jag kan minnas. Jo, en gång, minns jag att han var arg på Svenne. Broder Sven-Olof var redan som liten en viljestark person som gick sina egna vägar och inte alltid var Mammas lydige gosse. Det var Mamma som fått Pappa att ta itu med Svenne av någon anledning. Pappa brusade upp men blev själv helt olycklig efteråt. Det hände mig veterligt aldrig mer.

Däremot trodde Pappa på bönens makt. Och det är väl rätt. När man är varmt troende. Och det var Pappa. Att Gud hör bön och kan ingripa i våra liv även fysiskt var en realitet för honom. I stället för att tillrättavisa oss barn är jag övertygad om att han bad för oss.

Pappa med gevär. Han gjorde sin militärtjänst ca 1910.
Då var han ännu inte "samvetsöm".

Pappa var pacifist. Han var emot alla former av våld. Och krig var ju den ultimata formen av våld. År 1940, när Andra Världskriget brutit ut på allvar, skrev Pappa sin bok "Krig och kristendom". Här deklarerar han sitt absoluta avståndstagande till krig. Det gör han utifrån sin uppfattning av att Bibeln är ett rättesnöre, som vägleder i alla livets skiften. Hans tolkning resulterade i en djupt humanistisk människosyn och medförde att han också pläderade för att man som kristen bör vägra att bära vapen. Det är intressant, att mina söner både Sven och Tor utifrån andra utgångspunkter, men en i övrigt motsvarande humanistisk människosyn också kom att bli vapenvägrare och fick fullgöra sin militärtjänst på annat sätt. Vapenvägrare har ju kallats för samvetsömma, en term som Pappa inte var helt bekväm med utan polemiserar mot i sin bok. Men Pappa hade aldrig några synpunkter på att vare sig Ingwar, Svenne eller jag gjorde lumpen och hur.

Mot bakgrund av det nämnda, är det litet märkligt, att jag har ett foto av Pappa, där han står nedhukad i ett buskage, iklädd uniform och med ett lyft gevär. Kortet är sannolikt taget 1913. Då fullgjorde Pappa sin värnplikt i Örebro vid I3. Jag förmodar, att regementet hade den beteckningen då liksom under min egen uppväxt. Pappa hade börjat sina studier på Örebro Missionsskola. Och hans uppfattning var, att han som kristen mycket väl kunde vara med i krigstjänst, bara han var en god soldat. Han rubbades i den uppfattningen när övningarna i bajonettfäktning började. Han frågade sig: "Kan jag som kristen storma fram med bajonetten i högsta hugg för att sticka och rista upp och döda, om det blir krig?" Svaret blev ett "nej". Men därvid stannade det tills vidare.

Men året efter kom Första Världskriget. Och när Pappa höll en julottepredikan om profetian i Jes. 9 om Fridsfursten, ställde han frågan, varför det var krig och ofrid på jorden, trots att Fridsfursten kommit, och gav själv svaret: "Jo, emedan Fridsfursten icke är mottagen i allas hjärtan är det krig. Om alla hade givit rum för honom, vore det inte krig. Då vore krig en omöjlighet." Pappas egen predikan, ledde till den uppfattning som han behöll livet ut, att det inte är möjligt för en avgjort kristen att bära vapen. Däremot försökte han aldrig, vad jag kan minnas, att pådyvla sina söner, oss tre bröder, sin uppfattning.

Pappas hela slutliga uppfattning i frågan och argumentation stödd på antika filosofer och lärofäder och sentida författare och tänkare men framför allt på Bibeln redovisar han utförligt i sin bok "Krig och kristendom", som grundar sig på en serie bibelstudier under 1939, men kom ut i juli 1940, då världskriget hade nått full styrka.

Jag vill minnas, att Pappa i Hitler såg Antikrist, denna gudlösa motståndare till Kristus, som omtalas i Bibeln. Det kan mot den bakgrunden ses som en ironi att Pappa med sin mustasch i vissa vinklar kunde ha en viss likhet med den tyske potentaten. Det lär t o m ha hänt, att folk på en tågresa fick för sig att han var Hitler, och sprang och kikade på honom i kupén, där han satt med sin tidning.

Pappa hade alltid mycket att göra. Det var säkert orsaken till att han ofta kom sent. Men vad jag vet, aldrig för sent. Jo, en gång, när några farbröder från Örebro skulle åka till Stockholm på ett viktigt sammanträde eller konferens, så avgick tåget (någon minut för tidigt) från Centralstationen, just som pappa dök upp på perrongen. Jag kan livligt föreställa sig hur gubbarna suckade över Pappas senfärdighet. Men han kunde tåg-tidtabellerna och tog sig till Örebro södra och äntrade där den smalspåriga järnvägen till Pålsboda, där han kunde stiga på tåget med kollegerna från Örebro, som hade fått byta tåg i Hallsberg. Men i Pålsboda gav inte Pappa sig tillkänna för de andra, utan steg på en vagn längre fram i tåget. Väl framme i Stockholm klev han av och stod och väntade in sina medresenärer, som suttit i en vagn längre bak. Jag kan livligt föreställa mig deras miner, när Pappa mötte dem och hälsade dem välkomna till huvudstaden.

Sävsjön

Att Pappa med åren blev allt mer tolerant mot andra religiösa riktningar, vet jag att någon skrivit. Själv upplevde jag honom aldrig som rabiat och enkelspårig. Tvärtom, min Pappa var tolerant och vidsynt. Jag upplevde det särskilt uttalat en gång.

Jag vikarierade ett år efter studenten som folkskollärare. Våren 1949 tjänstgjorde jag på ett litet ställe, Sävsjön, ett par mil norr om Hällefors. Där hade jag en B3 skola med sammanlagt nio barn fördelade på klasserna 1, 3, 5, 6. Bredvid skolsalen låg det en kyrksal med en orgel som drevs av en gammal dammsugare. Det funkade. Där spelade jag, när det var gudstjänst. När Pappa fick höra det, sa han: "Vad bra, det spelar inte någon roll *var* du är med, bara du *är* med." Hans klara uttalande, att det gick lika bra att ägna sig åt Svenska kyrkan som den frikyrka pappa ägnade hela sitt liv åt, förvånade mig inte. För, som sagt, han var inte inskränkt, utan tolerant även mot oliktänkande. Han visade stor aktning för t ex Svenska kyrkan och dess präster. Han tjänstgjorde emellanåt i kyrkor, som tillhörde Svenska kyrkan bl a i samband med begravningar. Men från den påtalade åsikten, att kristendomen är den rätta läran och att Bibeln ger svar på alla frågor, vek han inte. Men pådyvlade inte heller sin omgivning sin tro och övertygelse. Hans sätt att plädera för sina åsikter var genom predikningar och skriverier.

Han ville gärna komma och besöka mig i Sävsjön. Han tänkte sig, att han kunde få låna ÖrebroMissionens bil som Joel Boström hade hand om för missionens räkning. Pappa tänkte att Ingwar skulle köra. Han hade ju körkort. Men Pappa fick inte låna missionens bil. Den skulle Boström plötsligt själv ha. Han ägde som sagt inte bilen. Den tillhörde missionen, men Joel fick ha hand om den då han var en av de få inom förvaltningen, som hade körkort. Oginhet, bristande tillmötesgående och egoism är ju inga särskilt vackra egenskaper, men förekommer givetvis bland de yrkeskristna likaväl som hos andra. Pappa kom aldrig till Sävsjön. Några månader senare dog han.

Jul

I julförberedelserna deltog inte Pappa mer än i ett avseende. Han köpte granen. Vid några tillfällen fick jag följa med honom. Det var inte särskilt roligt, för det tog lång tid. Han gick från försäljare till försäljare och granskade granarna ingående. Granen skulle vara helt symmetrisk och varken för gles och för tät och frisk i grönskan. Han hade väl det här med granar med sig från barnsben, då farfar var sågmästare och hade som yrke att umgås med barrträd. Men till slut fick vi gran med oss hem.

Och sedan skulle den sättas i en fot. Även det var Pappas göra liksom att kvällen före julafton sätta i ljusen. Också detta skulle ske med en konstnärlig touche för att bli godkänt.

På själva julafton var hemmet färdigpyntat med ljusstakar klädda med kräppapper i rött och vitt som ljusmanschetter. Det hade Mamma gjort i god tid före julafton, men stakarna kom inte fram förrän till julaftonen. På morgonen fick vi tårta med små marsipantomtar på. Sedan gick dagen med julklappsförberedelser. Och klockan fyra eller fem åts julmiddagen. D v s om Pappa hade kommit hem från kontoret. Och Ingwar hem från posten, där han bar ut brev. Ja, under senare år gjorde Svenne och jag det också.

Klockan sex var det samling i Stora Rummet. Då läste Pappa julevangeliet ur den stora familjebibeln. Och sedan var det kaffe eller vad vi barn nu drack och en mastig chokladtårta med grädde. Sedan följde julklappsutdelning och senare på kvällen risgrynsgröt med en mandel, som någon lyckost fick.

På julaftonskvällen gick Pappa och postade den sista serven med julkort, som han skulle skicka. Då fick jag följa med honom till Posten som låg på andra sidan Svartån borta vid konserthuset. Det var travar med julkort. De var upptryckta i litet format och instoppade i små kuvert. Ibland hade man fått hjälpa till att plocka in korten i kuverten, om Pappa inte själv hade hunnit med det.

F ö fick vi barn i ibland hjälpa till med korrekturläsning av olika manus. Man fick alltså redan som liten lära sig de olika korrekturtecknen. Nu har jag glömt dem, men Margareta tror jag kan dem.

I alla fall minns jag hur det knarrade i snön, när vi gick till Posten på julaftonskvällen. Om det bara var jag, som fick följa Pappa i detta ärende, vet jag inte heller. Inte heller hur många gånger det i verkligheten skedde. I mitt minne var det varenda jul före tonåren.

Pappas död och slutord

Det sista året Pappa levde hade vi tre bröder egentligen lämnat hemmet. Året var 1949 och Margareta, som bara var fjorton år, var givetvis kvar hemma. Ingwar läste på Chalmers i Göteborg och Svenne vid Karolinska i Stockholm. Själv var jag ute och vikarierade som folkskollärare året efter studenten. På somrarna gjorde jag lumpen vid flottan. Sommaren 1948 var jag på Sjökrigsskolan i Näsby park och sommaren 1949 låg jag på det gamla flaggskeppet Drottning Victoria. Våren 1949 började Pappa bli dålig. Han verkade allmänt svag och blödde näsblod. Särskilt upplevde jag det sista gången jag träffade honom. Innan jag på sommaren ryckte in i lumpen hann jag att vara någon vecka nere i Kämpinge med Mamma. Pappa var kvar hemma. Då hade kusin Britta från Linköping av en tillfällighet varit i Örebro och fått för sig, att hon skulle gå upp till Pappa. Han var hemma, men i ett bedrövligt tillstånd, svag och sjuk. Britta blev skakad och ringde till Kämpinge och sa att Mamma måste åka hem till Örebro. Jag gjorde henne sällskap. Jag minns inte att Margareta var med. När vi kom hem, visade det sig att Britta hade rätt. Pappa var verkligen dålig och behövde självklart läkarhjälp. Jag vet inte varför vi inte tog oss till lasarettet utan sökte en privatläkare, en f d sjukhusläkare Mossberg, som efter pensionen hade öppnat en egen klinik på söder i Örebro. Det var rätt långt att gå och jag följde Pappa dit och fick stödja honom hela vägen. Det var en märklig upplevelse. Jag fick stödja och hjälpa Pappa. Givetvis skulle han ha lagts in på sjukhus direkt, men inte ens doktor Mossberg var tillräckligt klok för att se till, att det blev gjort. Pappa fick några piller och blev ordinerad vila, vill jag minnas.

Mamma och Margareta var hemma under Pappas sista tid. Själv var jag tvungen att inställa mig på Drottning Victoria. Var hon låg förtöjd, vet jag inte. Men jag blev ditfraktad i en slags motorbåt, fick äntra upp för en lejdare med min tunga sjösäck och balansera in på Vaterbommen med sjösäcken över axeln.

Den natt Pappa dog, kom det på morgonen bud till båten om händelsen. Men jag meddelades inte. Vi höll just på att lasta kol och det ansågs, att jag först skulle delta i detta, innan jag skulle få del av det telegram som kommit. När vi på förmiddagen, var klara med ombordlastningen av kolsäckarna, var jag liksom övriga meniga fullständigt slut. Då meddelades i högtalaren, att jag skulle inställa mig hos fartygschefen. Där fick jag stå i givakt medan det förtaltes mig, att min far var död, att jag beviljades permission för att övervara begravningen och att en motorbåt skulle sätta mig i land på Skeppsholmen. Efter att ha duschat och riggat om blev det att debarkera, äntra motorbåten och från Skeppsholmen ta mig till Stockholms Central. Där sjönk jag ner på en bänk och försökte ta till mig, vad som hade hänt. Men jag hade inte suttit många minuter förrän jag blev bortkörd. Sjömän i uniform fick inte vistas på stationen. Det hjälpte inte att jag visade min biljett och permissionssedel. Det blev att ge sig ut och vanka av och an utanför Centralen tills tåget skulle gå.

I Örebro möttes jag av en betryckt familj och fick efterhand höra om Pappa och hans bortgång. Och nu vidtog arbetet med allt som måste göras inför begravningen. Förmodligen minns Margareta och Ingwar detaljerna bättre än jag.

Vad jag däremot minns klart är att vi fick gå och se på Pappa på lasarettet. Det var i ett särskilt rum, där han låg på lit de parade. Jag hade givetvis gruvat mig för mötet med min döde pappa. Men till min förvåning blev det inte alls så känslostarkt för mig som jag hade väntat mig. För det var inte Pappa. Det var ett slags skal som hade innehållit Pappa. Men han var inte där. Det blev min starka upplevelse.

Nej, min stora starka Pappa, som kunde allt och visste så mycket, han var inte där. Han som älskade oss och var godheten själv. Han som brydde sig om oss och hjälpte oss, när det behövdes. Som aldrig klandrade, utan uppmuntrade och var stolt över oss. För vilken vi alltid dög som vi var. Han var min pappa.

*Pappa nere vid
sjön i Kämpinge
med cykel,
kamera och ett
manus i fickan.
Det finns många
bilder av Pappa
med cykel. Där
han har nästan
alltid något barn
med sig. Mest
Margareta.*

*Pappa, farmor och
Per-Gunnar 1948.*

60

PAPPA OCH MARGARETA

Jag Signe Anna Margareta Ahlbäck promenerar med min pappa på Stora Holmen i Örebro. Pappa i hatt, kostym, vit skjorta, slips och paletå med sammetskrage. Jag är klädd i en liten kappa med skinnkrage, en grå pälshatt, strumpor och skor samt en liten handväska. En stilig herre och en liten fröken. Det är en av de sällsynta söndagarna när pappa är hemma. Under de flesta av årets söndagar var han ute och besökte ÖrebroMissionens församlingar i hela landet.

Det är en trygg situation för en liten flicka att hålla pappas hand. Vi gick och samspråkade och pappa lyssnade noggrant till de små funderingar en femåring kunde ha.

Pappas femtioårsdag

Jag minna mycket väl pappas femtioårsdag den 15 maj 1940. Solen sken och lägenheten var skinande ren. De båda döbattangdörrarna in till salen stod på vid gavel och den stora våningen var fylld av människor. Pappa var givetvis i centrum för alla tal och all sång och mamma serverade kaffe ur den stora pumpan. Först kokade hon kaffe i en stor kopparkaffepanna och sedan bryggde hon det. Kakfaten var fyllda med råge, perfekta kakor bakade på smör och kärlek. Vaniljhjärtan med lock bakade dagen innan fyllda med äppelmos och vaniljkräm, de låg sida vid sida i snörräta rader på ett stort silverfat klädd med utsirat tårtpapper.

Folk kom i grupper. Höll tal och sjöng. Väckelsesånger, välkända även för en femåring. Så trakterades gästerna med bullar, kakor och tårta, prat om bantning var inte uppfunnet, man njöt av det som bjöds och skämdes inte för att ta en tårtbit till. Det kom tillresta vänner från trakten runt Örebro och där var släkt och vänner. Men innan de gick skulle de skriva sitt namn i gästboken. Nästan etthundra namn. Hanna Ongman, farmor Hanna Ahlbäck, Carl Andin, Ragnar Fagerstedt, Edvin Westerberg som var musikdirektör i Filadelfiakyrkan, de båda redaktörssekreterarna Sven Larson och Nils Sundgren. Gottfrid och Elna Ahlbäck, Klara och David Rundqvist. Och alla de vanliga familjerna Svanströms, Lagerqvists, Magnussons, Sävs och Eckerwall. En hel rad med missionärer och Daniel Bokange

från Kongo som blivit kvar i Sverige på grund av Andra Världskriget.

Gång på gång ringde det på dörren och en man överlämnade ett kuvert med telegram. De skulle läsas upp så att alla fick höra hälsningen.

Margareta och Per-Gunnar.

Ett av de många lyxtelegram som anlände till pappas femtioårsdag.
Bilden på blanketten är tecknad av Rudolf Persson.

Så minns jag pappa

Pappa var lång och ståtlig, alltid rak i ryggen promenerade han lugnt på trottoaren från Storgatan ner mot Skolgatan. Kom han från en kortare predikoresa bar han Bibel och sångbok i en liten brun portfölj i A5-format. Där hade han också en mindre spiralpärm med sin predikan utskriven på skrivmaskin. Var han på en veckolång resa hade han en mindre resväska även den i skinn förutom sin portfölj.

När han var ute ett kortare ärende till Barrs fotoateljé på Järnvägsgatan eller kom åter efter ett hembesök gick han lugnt och tryggt, varken sakta eller hastigt, uppmärksam på vilka han mötte hälsade han på alla genom att lyfta på hatten.

Mina minnesbilder är från 1940-talet och då var pappa alltid klädd i kostym med vit skjorta och slips, överrock, hatt och handskar och ordentliga skor med galoscher om vädret var oläglig. På vintern ersattes hatten av en svart persianmössa. Skorna var alltid välborstade, det såg mamma till och hon borstade också skorna mellan sula och klack eftersom pastorna som satt uppe på podiet under böner böjde knä vid sina stolar, då syntes skons undersida. Likaså hade pappa varje dag rena välstrukna näsdukar.

Att vara ren och hel var viktigt för mamma och hon höll hela sin familj sådan. Som vuxen är jag förundrad över hur mamma och pappa kunde hålla stilen under alla år speciellt under alla krigsår när även textilier var ransonerade. Hon lagade och pressade och hattarna stukades om hos Lindbergs hatt och stråfabrik på Skolgatan. Om pappa inte hade något att bära höll han båda sina händer på ryggen. Han hade vad vi kallade potatismage men den markerade bara hans imposanta gestalt.

Under somrarna i Kämpinge kunde pappa och morbröderna Ture och Albin lätta på klädseln. De hade fortfarande långbyxor men kunde bära en skjorta utan krage, slips och en tunnare "cykeljacka" i vindtätt tyg, skärp i midjan och stora fickor. Morbror Ture bar en svalrock av bomull över skjorta och byxor och på ÖrebroMissionens kontor hade pappa en tunn svart svalrock likt en kavaj i satintyg. Den sparade kavajen och var säkert mer bekväm och inte lika varm.

Mamma stickade till oss barn och hon hade stickat en cardigan till pappa i grått yllegarn med våffelmönster. Den tog pappa på sig när han var hemma i lägenheten. Vi åt middag vid fyratiden på eftermiddagen då vi alla kom hem från skolan, pappa kom upp och hela familjen intog middagen i köket. Middagen avslutades alltid med efterrätt som vanligtvis bestod av kräm och gräddmjölk. Jag var besvärlig med maten och pappa var mycket bestämd på att det inte skulle finnas något tvång vid maten. Historier som man kan läsa i memoarer om att föräldrar tvingar barn att äta upp mat som de inte tycker om förekom aldrig i vårt hem. Mamma lagade enkel och välsmakande husmanskost. Efteråt vilade pappa på sängen och då lade han tröjan bak och fram över bröstet, efter någon timme gick han åter ner till kontoret som låg i samma hus där vi bodde och fortsatte sitt arbete långt ut på kvällen.

Det hände inte så sällan att mamma och pappa var bjudna på stora kalas till exempel bröllop och begravningar. Då kom en speciell klädsel fram. Mamma klädde sig i svart klänning och svarta strumpor, svart hatt och svart kappa. Men pappa han klädde sig i en bonjour, en halvlång rock med svarta byxor, vit skjorta och vit fluga och tog fram sin stormhatt. Då hängde jag på mammas och pappas sängar och betraktade varje enskilt plagg. Jag tyckte de var stiliga. Både mamma och pappa kunde bära upp sina festkläder och mamma tog fram sin fina gå-bort-väska och lade om det var begravningar ner en vit damnäsduk med virkad svart kantspets. Vid många av de här tillfällena var det också pappa som var vigselförrättare och officiant.

En självklar ledare

Pappa var ledare för ÖrebroMissionen som var en del av Baptistsamfundet vars centrum låg i Stockholm. Pastor John Ongman från Oviken i Jämtland hade vistats i USA och inspirerats av dess friförsamlingar. Återkommen till Sverige slog han sig ner i Örebro och bildade bland annat Filadelfiakyrkans församling, Örebro Missionsskola (där pappa utbildades till pastor) och införde en halvannan månad lång bibelkurs varje höst med utbildning av evangelister där pappa undervisade i exegetik. ÖrebroMissionen var alltså en förening inom Baptistsamfundet. Den drev även förlag och gav ut vecko-tidningen Missionsbaneret och många populära jultidningar. Pappa var redaktör för tidningen och några av dess publikationer.

Under mitten av trettiotalet uppstod en schism mellan Baptistsamfundet i Stockholm och ÖrebroMissionen som ville vara fristående. Några brev utväxlades mellan redaktörerna för Vecko-Posten, Baptistsamfundets tidning, och Missionsbaneret.

Ett brev daterat den 11 januari 1935 är tre sidor långt och i det ger min far, Algot Ahlbäck, sina personliga funderingar på misshälligheterna till redaktören för Vecko-Posten Arvid Svärd. Brevet avslutas med följande personliga notering:

Jag betraktar detta brev som strängt privat, men jag kände behov av att meddela mina tankar, som här kanske kort och ofullständigt återgivits. Daterade detta brev i fredags, men blev förhindrad avsända det på grund av en dotters lyckliga födelse. Därför har jag först idag – söndagen den 13 januari – kunnat avsända dessa rader, vilka jag hoppas Du väl upptager, liksom de äro tillkomna i god avsikt.

Dottern det är jag.

ÖM:s centrum

ÖrebroMissionens hus där vi bodde under min uppväxttid upptog hörnet av Järnvägsgatan och Skolgatan vid sidan av Missionsskolan där man utbildade pastorer och missionärer. Den byggnaden är från år 1913. Örebro Missionsförening hade bildats 1891 och dess ledare var John Ongman fram till sin död 1931 då pappa Algot Ahlbäck efterträdde honom. Mot slutet av 1930-talet byggdes ett flerfamiljshus i anslutning till Missionsskolan. Missionens lokaler upptog hela bottenvåningen, rum för kvinnliga elever inreddes på översta våningen och dessutom fanns sexton hyreslägenheter. Det nya huset byggdes i vinkel med Missionsskolan med avgränsningar mot intilliggande fastigheter så att en sluten innergård bildades. En trygg miljö, en sluten miljö, en av grannar bevakad miljö.

Det var en spännande omgivning att växa upp i och på barns sätt utforskades varje skrymsle av både hus och ytterområde. Man kände alla, precis alla, till namnet och man bockade eller neg för de vuxna. Man tilltalade dem inte, men man svarade artigt på frågor. Missionsskolan hade sin egen ingång med en källarutgång mot gården. Det stora fyravåningars vinkelhuset hade ingångar både från gården och från gatorna. Dessutom fanns en öppning, en port, för bil- och cykeltrafik. Den låstes med en järngrind på kvällarna. Mitt i porten fanns en lastbrygga där biltransporter lämnade av tidningar och böcker till missionens lager. Inget var låst under dagtid, det här var en oskuldsfull tid.

Vaktmästaren Gerhard Israelsson (vi barn kallade honom Dundrapart[1]) övervakade allt och på sommaren spände han långa tvättlinor över hela gårdsplanen. De som man numera kallar ekonomipersonalen på Missionsskolan hade tvättat lakan, örngott och handdukar till alla eleverna som bodde på skolan. Han fick sätta upp stöttor för att linorna inte skulle slaka på mitten. Den vita tvätten vajade i vinden. Hyresgästerna hade sin tvättstuga på vinden med stora bykkar, en kallvind med tvättlinor och ett torkrum med stora bord för strykning, Missionsskolans lokaler var spännande. I källaren låg, förutom tvättstugan, kök och matsalar. Eleverna var helinackorderade. På bottenvåningen fanns rektorsbostaden, bibliotek och lärarrum. Under min barndom var Carl Andin, Sven Lagerkvist och Joel Boström rektorer.

En trappa upp i Missionsskolan låg tre undervisningssalar i svit. Från våra fönster hade vi god insyn i dessa. (Jag tror att fotot från Sven-Olofs realexamen, bild sid 31, är taget där.) Ovanpå fanns två våningar med de manliga elevernas enskilda rum vilket innebar att vi i vår sängkammare alltid hade en tunn täckande store av spets för fönstret. När jag blev tonåring och hade fått den gamla sängkammaren till mitt rum fick jag ge akt på att inte synas av de unga manliga och intresserade eleverna.

Missionsskolan har en vackert inramad portal mot Järnvägsgatan, den finns kvar, men Missionsskolan har flyttat till universitetets campus i Adolfsberg.

Missionens hörnhus hade som sagts två trappuppgångar, trapporna var av marmor och väggarnas panel målade i marmorering. Själva ytterdörrarna var av glas och trapphuset hade vädringsbalkonger med fönster mot gården som gjorde själva trapphusen ljusa.

På bottenvåningen låg missionens lokaler med kontorslandskap i mitten där kontoristerna arbetade. De hade ett stort

---

[1] Napoleon Dundrapart är en roll i folklustspelet Värmlänningarna av Fredrik August Dahlgren 1846.

fönster mot gården. Mindre rum för de olika befattnings-innehavarna låg med fönster längs Skolgatan.

Själva hörnrummet var samträdesrum, en plenisal (bild sid 34), inrett med ett stort bord och stolar. Pappas stol på kortändan skilde sig från de andras, en karmstol med högre rygg. Det skulle bli enkelt för mig att inta motsvarande position den dag då jag själv blev ledare och ordförande för ett kollegium. Jag hade det så att säga i blodet.

På plenisalens konkava kortsidor fanns två stora väggmålningar utförda av Wictor Hägerstrand från cirka 1940. På ena sidan avbildades den yttre missionen med kinesiska muren, afrikanska hyddor i Kongo och bilder som symboliserade Indien och Brasilien. På motsatta vägg visades den inomsvenska missionen med bilder från Sveriges olika delar.

Pappas expedition låg vägg i vägg med plenisalen i en avdelning för sig med egen toalett och egen ingång. En miljö som behagade mig. Den har påverkat mig på ett sätt att distansera mig till omgivningen. När jag en gång besökte min bror Sven-Olof som var chef för röntgenavdelning på Sankt Görans sjukhus demonstrerade han sitt arbetsrum och påpekade speciellt att det var bra att rummet hade två utgångar. Jag tror att vi undermedvetet hade pappas exklusiva kontorsavdelning i minne.

Som jag nämnt tidigare åt vi middag när vi alla kommit hem från skolan och om pappa inte kom upp sände mamma ner mig för att hämta honom. Jag minns en gång – jag kunde kanske vara sex-sju år – att pappa inte var på sitt kontor. Då öppnade jag dörren till plenisalen, neg och sade att middagen var serverad. Pappa och alla församlade skrattade glatt.

Missionens lagerlokaler låg till vänster på bottenvåningen när man kom in genom vår port på Skolgatan 11 A. Där doftade det gott av nytryckta böcker och tidningar. Lagerhyllor täckte väggarna och stora bord fanns för sortering och packning. Jag arbetade som lagerflicka några jullov och klättrade upp och ner i hyllorna för att ta fram beställningar på böcker som skulle sändas ut till olika församlingar och bokhandlare i landet. Jag har alltid älskat böcker och trycksaker.

Eftersom pappa var ledare för ÖrebroMissionen och de församlingar över hela Sverige som var knutna till den reste han som jag tidigare berättat för att predika på söndagar och helger. Men det förekom att han ändå var hemma i Örebro en och annan söndag. Då besökte han gärna andra kyrkor och vid flera tillfällen var jag med honom. Vi gick till Olaus Petrikyrkan och till katolska kyrkan som låg i kvarteret bredvid vår bostad. Vi gick till Betlehemskyrkan och till Vasakyrkan. Pappa var ekumeniskt sinnad och han kände igen och talade med präster och pastorer i andra samfund och med andra trosriktningar.

För Missionsbaneret var pappa redaktör och ansvarig utgivare och han skrev därför ledarna i denna veckotidning. Vid några tillfällen 1929 kommenterade och polemiserade han med Katolska Kyrkan. Bakgrunden var att en Brasilienmissionär Carl Spohre skrivit ett par artiklar om förhållandet mellan missionerandet och katolska kyrkan. Han påstod att katolikerna tillbad bilder och beläten. Pappa delgav prästen i Sankt Eskils katolska församling Gregor Wäschle detta och denne fick utrymme i kommande nummer av tidningen att besvara frågorna, vilket visar på tolerans och lyhördhet som inte var vanlig hos alla i dessa kretsar.

Min älskade pappa

Min pappa – jag skriver i första person. Det var också mina bröders pappa. Men bilden av honom, en och samma person, är inte entydigt densamma. När Ingwar föddes var pappa trettiofem år, pastor i Hallsberg i nära samarbete med John Ongman. När jag föddes var pappa fyrtiofem år, redaktör och ledare för ÖrebroMissionen, han var en uppburen man, en auktoritet, en välkänd man i Örebro med fru och fyra barn. Jag kan inte svara på om pappa hade mer eller mindre tid med mig än mina bröder. Han var en för mig närvarande pappa trots att han reste mycket, hans kontor låg i samma hus som vår bostad.

Det kunde hända någon kväll då och då när vi bodde på Skolgatan och hade börjat gå till sängs att pappa kom hem med ett paket med varma korvar till oss alla.

På julafton satt ofta hela familjen runt ett bord och hjälpte honom att skriva kuvert med ett hundratal julkortshälsningar och frankera dem med femöresfrimärken. De var upptryckta med en hälsning från honom och formatet var minimalt kanske 3 x 8 cm. Han hade en liten fickalmanacka i vilken han noterat alla han gästat under året och de skulle alla få en hälsning. Det fanns också vykort med hans bild och det kunde hända när jag var lite äldre att jag kom till hem någonstans i Sverige och fick se min pappas bild inramad som ett slags idolbild på byrån i finrummet.

Åtskilliga var de gåvor som han hade med hem till mig. Det kunde vara noter eller en bok. När han en gång varit på sin sex veckor långa predikoresa i Norrland hade han med ett par renskinnsskor, en annan gång hade han med sig en cykel till mig, en tredje gång hade han med sig skridskor, ishockeyrör (det tyckte mamma inte passade men jag var lycklig över att ha riktiga skridskor istället för de metallskenor som snördes på pjäxorna). Kanske var jag lite bortskämd, enda flicka som jag var. Jag var fjorton år när pappa dog och har ett barns minnen.

Pappa gick alltid rak i ryggen. Han var välklädd och hade hatt som han lyfte på när han mötte någon bekant även om denna var en ungdom. Han hade en naturlig värdighet och auktoritet. En icke-ifrågasatt ledare. Han var lättrörd och kunde gråta även när han predikade. När jag kom upp i tonåren blev jag generad. Senare har jag lärt mig värdet att ha nära till sina känslor.

Pappa blev ett föredöme för mig. Jag såg upp till honom. Jag var nog pappas flicka och det sägs allmänt att pappas flicka blir stark.

Min känsliga pappa
Pappa var känslig och känslosam. Han kunde inte ta för sig. Han var lugn och mild, brusade aldrig upp och höjde aldrig rösten. På mammas röst kunde man avläsa om hon var trött, ledsen eller irriterad. Det räckte med att hon tog lite hårdare i armen att förstå att man gjort något som inte passade sig. Vår familj (och några familjer ytterligare: Birger Ericssons, John Magnussons, Sven Lagerqvists och Joel Boströms) hade blickarna på sig. Vi bodde alla i ÖrebroMissionens hus och var välkända vilket innebar att vi skulle uppträda ordentligt och hälsa på alla vi

mötte. Det var helt säkert en större press på mamma än på pappa.

Jag minns en episod när pappa kom upp mitt under en arbetsdag och var ledsen. Han och mamma talades vid (men jag överhörde samtalet på behörigt avstånd). Missionens folk skulle resa ut på landet för att uppvakta en person. Detta var i slutet av 1940-talet och missionen ägde en bil som kördes av Joel Boström. När de skulle ge sig av visade det sig att det inte fanns plats för pappa. Det låg fjärran från honom att på förväg reservera en plats. Och ingen hade avstått sin plats när fadäsen att ledaren för ÖrebroMissionen inte fick plats.

Det hände också att pappa under predikningar var så rörd att han började gråta och fick ta upp sin rena vita näsduk och torka tårarna. Denna lättrördhet har gått i arv till flera i vår familj.

En gång skulle jag intervjuas av en redaktör för Nerikes Allehanda med anledning av att jag som dotter till den tidigare ledaren för ÖrebroMissionen konverterat till Katolska Kyrkan. Vi träffades på Märtas kafé på Skolgatan, en butik som under mina bröders tid kallades för Käkboden. Efter ett tag dök en fotograf upp eftersom vi skulle gå till katolska kyrkan och ta ett foto. Fotografen var en ung kvinna som satt och lyssnade till redaktörens och mitt samtal. Plötsligt avbröt hon mig menande att jag tecknade en alltför positiv bild av min pappa, jag måste väl ändå ha varit osams med honom och att han grälat på mig. (Hon sade inte slagit mig, men jag förstod att det var det hon hade erfarenhet av.) När jag förnekade detta fortsatte hon sin invändning med att jag inte var så gammal när min pappa dog. Men jag fortsatte att argumentera med att mina tre bröder varit äldre och det aldrig förekommit något sådant i vårt hem.

Och det är så jag minns vårt barndomshem. Aldrig några hårda ord eller höjda röster. Hur jag än vrider och vänder på mina minnen ser jag bara lugn och harmoni. Tryggt. Välordnat. Förutsägbart. Mamma kunde ibland bli ledsen och torkade en tår och då fick vi dåligt samvete för ingen av oss ville göra henne ledsen.

Den stora tvättkorgen

Vi var en familj på sex personer och hade inte sällan nattgäster. Det blev givetvis stora högar av tvätt. I huset fanns en tvättstuga på vinden med torkrum och så småningom långt senare kom de moderna maskinerna. Mamma bykte tvätten och manglade men då och då skulle de stora damastdukarna manglas. I ett tvåvåningshus på Skolgatan i kvarteret norr om järnvägskorsningen fanns i källaren en gigantisk stenmangel att hyra per timme. De rena dukarna och lakarna dänktes i förväg, veks prydligt och lades i en stor korg avsedd för tvätt. En sådan hade man också som barnsäng för små bäbisar och vi hade förmodligen legat i den. Man var tvungen att vara två för att bära den, den hade handtag på kortsidorna.

Jag minns att pappa och mamma bar den stora och tunga korgen mellan sig. Mamma var lite rädd för mangeln. Det gällde att lyfta upp stenen med en spak och inte sänka den förrän trävalsarna låg rakt på plats. Där fanns två valsar på vilka dukarna lindades, en på var sida. Den stora stenen rullade på dessa trärullar fram och tillbaka tills damastdukarna var stela och blanka.

Så packades de vikta dukarna och lakanen ner i korgen och täcktes av en skyddsduk. Därefter betalade mamma för hyran av mangeln och pappa och mamma vandrade hem igen.

Det här är det enda jag minns av pappas arbete i hemmet. Köket var mammas revir och vi barn torkade disken efter ett rullande schema. Kanske att pappa hjälpte till att ta ut de stora mattorna på gården någon gång om året för att piska dem, men det minns jag inte. Däremot var julgranen pappas syssla. Den inköptes på torget, pappa sågade till stammen och placerade granen i julgransfoten. Han var noga med att grenarna skulle var symmetriska och flyttade på en och annan. När han placerat ut den elektriska belysningen i granen fick vi barn hjälpa till och klä den med julgranspynt som väckte minnen till liv, sparade som de var år efter år.

Vårt hem och kyrkan

Vårt hem var präglat av närheten till kyrka och till ÖrebroMissionen. Jag anser att vårt familjeliv var underordnat denna verksamhet. Liksom året har en naturlig rytm hade kyrkan sina speciella stora dagar, konferenser, Bibelskola och Årsmöte. Då var vårt hem välputsat och kakburkarna fyllda och mamma var beredd på att ta emot gäster som kom upp mellan mötena och ge dem både mat och kaffe. Själv hann hon inte gå till kyrkan eftersom hon ju var ansvarig för att vi barn skulle få mat. Pappa var alltid centralgestalt eftersom han var ledare för Örebro-Missionen och när det gällde Filadelfiakyrkan var han äldstebroder och fanns med på podiet. Konferensen hölls under ett veckoslut i slutet av september och Bibelskolan under sex veckor i oktober och november.

Dessutom hölls möten med avskiljning av missionärer. Då brukade mamma kunna komma med. Kyrkan var fylld med entusiastiska människor och en särskild mättad stämning rådde när hela församlingen stod upp och sjöng "Gå, Gå, Skördeman gå, ut att den ädla säden så." Alla viftade med sina vita näsdukar och man såg det ofta unga paret som skulle resa på vådliga vägar ut till Kongo, Indien, Brasilien och Kina. Flera gånger fick jag gå med pappa och mamma ner till järnvägsstationen i Örebro för att vinka av de utresande missionärerna. Man visade på så sätt sitt stöd.

Tänk, vilken underbar nåd av Gud,
Att du får vara hans sändebud
Och till den döende världen gå
För att hans kärleks säd utså!
Gå, gå, skördeman, gå!
Gå, gå, skördeman, gå
Ut att den ädla säden så!
Gå, gå, skördeman, gå!

Får du ej främst uti ledet stå,
Verka Guds verk i det tysta då!
Herren, som i det fördolda ser,
Blott efter trohet lön dig ger.
Gå, gå, etc.

73

Är du än ringa som fordom Rut,
Skynda dig likväl på fältet ut!
Kanske att där något ax du har,
Som dina bröder lämnat kvar.
Gå, gå, etc.

Tröttna då ej att din säd så ut!
Kärlekens möda får lön till slut.
Fastän med tårar du nu får så.
Skall du med jubel skörda få.
Gå, gå, etc.

Vi läste givetvis aftonbön "Gud som haver barnen kär" men jag minns inte att pappa bad den med mig. Ganska snart klarade jag av det själv. Jag minns inte heller att vi någonsin hade några andaktsstunder i familjen vilket förvånar mig nu. På julafton läste givetvis pappa julevangeliet och vi sjöng julsånger. Däremot hände det att vi hade gäster och samvaron övergick i bönemöten. Då böjde de knä där de satt i soffan och på stolar. Jag gjorde som de vuxna men eftersom jag inte var så lång tyckte jag att stolsitsen luktade illa av kroppslukter. Jag har nog en uppfattning om att mamma inte gillade detta så mycket och att pappa var påverkad av gästerna. Jag kan inte erinra mig vilka dessa var men det var aldrig Svanströms och de vanliga familjerna utan mer sällsynta gäster.

Stugmöte i Lerbäcksskogen

Däremot minns jag mycket väl stugmötena hos Frida Lind. Hon kom från Närkeskogarna och bodde i byn Nyckelhult söder om sjön Tisaren mellan Åsbro och Lerbäck. På höstarna åkte mamma och pappa med tåg till Lerbäck. Cyklarna hade de polletterat. De hade avlånga sockerlådor av trä på pakethållaren för de skulle plocka lingon. Och lingon fanns det mycket av i de här skogarna. Deras mål var trakten där denna kvinna bodde.

Frida Lind tillhörde kapellet i Fixan dit hon vandrade någon mil för att vara med om frikyrkomöten. Hon bodde i ett rött torp tillsammans med sin bror (eller om det var man?) och hans son. En gång fick jag vara med när pappa skulle hålla stugmöte i Nyckelhult. Carl Svanström körde oss i bilen, dit gick inga tåg och inga bussar.

I mitt minne var det mörkt och kallt. Skogen stod som en tjock ogenomtränglig mur runt den lilla gården och fönstren var täckta av imma från värmen och de många besökarna. I rummet hade man plockat bort möblerna och ställt ut bänkar som helt enkelt var breda bräder på bockar. En orgel fanns och som altare fungerade ett bord med vit stärkt duk och ett ljus. Rummet var fyllt till sista plats. Kanske trettio personer. Det var märkligt eftersom varken gårdar eller ljus syntes. Pappa predikade och spelade på orgeln. Alla sjöng och det var en mäktig stämning, intim men samtidigt högtidlig, respektingivande men samtidigt varm och glad. Efteråt bjöds på kaffe och dopp. Frida Lind var duktig att baka och hon var specialist på en lövformad smördegskaka, torr med pärlsocker på. Det var pappas älsklingskakor och han tog flera av samma sort (men ingen av de andra) vilket mamma skrattande påpekade. I min receptbok kallar jag dem Frida Lind-löv.

Gudstjänster i Kämpinge

Jag minns också hur pappa varje sommar höll gudstjänst i missionshuset i Kämpinge. Det tillhörde Missionsförbundet. Under sommaren anordnades möten, ibland i dungen utanför missionshuset på en gräsplan omgiven av björkar. En gång drog ett kraftigt åskväder över bygden men pappa fortsatte att predika inne i missionshuset. Mamma var rädd för åskan så hon tyckte det var märkvärdigt att pappa inte avbröt sin predikan. Jag har alltid tyckt att åskväder är spännande och minnet av min rakryggade pappa i predikstolen finns kvar hos mig. I den mån en liten flicka kan vara stolt, glad och beundrande så var jag det.

Mamma och vi barn reste till moster Lotten i Kämpinge så fort skolan var slut och ÖrebroMissionens årsmöte var över. Vi var kvar till skolan började i augusti. Pappa var alltid talare på en stor konferens under Midsommarhelgen och i juli månad kom han och var med oss och hela släkten i Skåne. Han gillade att bada och var duktig simmare, han crawlade vilket jag aldrig lärde mig.

75

Han cyklade till olika utflyktsmål och hade både mig och min kusin på cykeln.

Pappa bygger sandslott med Per Gunnar och Margareta.

Pappa, farmor och hans syskon

Genom släkten kom jag som barn i kontakt med olika miljöer, i både städer och landsbygd. Pappas släkt kom från Dalarna och faster Erika bodde kvar i barndomshemmet Kählarvet i Islingby vid Dalälven. De hade fyra barn. En av döttrarna Elsa-Maja var gift med pastor Sigurd Engberg och jag har kontakt med deras barn bland annat sonen Mats Engberg, som bor i Jönköping. Det var viss åldersskillnad mellan de olika kusinkullarna.

Farmor och farfar hade 1904 flyttat via Karlstad till Lerbäck och där blev två av mina fastrar kvar, faster Elsa i Skyllberg och faster Maja i Rönneshytta. Det var lite som att ha en vintersläkt och en sommarsläkt. Vi umgicks med mammas släkt framför allt under sommaren och under den andra tiden mest med pappas släkt. I båda släkterna fanns en påtaglig släktkärlek. Om våra album är fyllda med bilder från somrarna med mammas släkt saknar de nästan helt bilder från pappas släkt. Men när det gäller släktforskningen finns anor upptecknade på båda grenarna. På farmors sida finns uppgifter om fjorton generationer av släkten Boholm, de går tillbaka till 1500-talet. Lika långt går släkttrådarna på mammas sida och släkten Ahlberg.

Farfar dog redan 1931, sextiosex år gammal. I mina minnesbilder av farmor bodde hon hos faster Elsa i Skyllbergs bruk. Att komma dit var som att komma till en helt annan värld. Faster Elsa och hennes man John Johansson bodde i en arbetarbostad vid herrgården Jag var uppvuxen mitt i staden och det här var landet. En vacker trakt med långa alléer, långa rödmålade arbetarlängor och dikesrenarna fyllda med vitsippor. I två rum och kök bodde familjen med sex barn där farmor disponerade det ena rummet, den så kallade kammaren, som låg med egen ingång från farstun. Allt var rent och snyggt, vänlighet och kärlek strömmade mot en. Farbror John var döv, han hade en stor tratt av mässing som han höll mot örat. Lite skrämmande för ett barn. Han hade blivit hörselskadad genom arbetet på Skyllbergs järnbruk som har traditioner sedan mitten av 1300-talet. Där tillverkar man bland annat spik. Bruket är fortfarande ett levande familjeföretag sedan fyrahundra år med så vitt jag förstår en blomstrande verksamhet.

Faster Maja var gift med Sven Falkenström som hade bondgård Vi åkte tåg till Rönneshytta och vandrade på de grusade vägarna fram till gården. Där fick jag se de små nyfödda griskultingarna. Men allt var så främmande för en stadsflicka och jag var rädd för djur. Men stämningen var lättsam och faster Maja spelade slagdängor på pianot, de tillhörde inte någon församling. Av hennes barn har jag haft mest kontakt med Karin Rydelius som var bosatt i Örebro.

Faster Klara var gift med konduktören David Rundqvist och de bodde som nygifta i samma hus som mamma och pappa i

Hallsberg. Deras son Enar var jämnårig med min bror Ingwar. De fick sedan ytterligare två söner Arne och Lennart och en dotter Birgitta, som var ett par år yngre än mig, vi har viss kontakt via Facebook och så har jag även med Enars döttrar. Jag uppskattar släktkontakterna!

Pappa hade under sin ungdomstid i Karlstad gått på aftonskola och när familjen flyttade till Närke arbetade på Skyllbergs kontor. Han hade en vacker handstil som förstördes genom stress till mammas beklagande. På Örebro Missionsskola utbildades han under tre år till pastor och fick tjänst som jag redan nämnt i Hallsbergs Baptistkyrka. Han hade två bröder Gottfrid och Erik, fyra och fjorton år yngre. Båda utbildade sig också på Missionsskolan till pastorer.

Farbror Gottfrid var ofta under min uppväxttid på besök i vårt hem. Gottfrid var mer jovialisk än pappa. Han var under mina barndomsår pastor i Immanuelkyrkan i Örebro. Den ligger på Ekersgatan på väster. Han bodde med sin familj i en med kyrkan sammanhängande bostadsfastighet. Ingången var från gården. Huset hade tre våningar men det som förvånade mig var att huset inte hade vattentoalett. Man hade en torrtoa i en garderob. Detta var ändå på 1940-talet. Jag minns att jag fick gå med mamma och besöka hans fru Elna, som var sjuk. Jag var sex år. Hon hade kräfta, det var första gången jag hörde om cancer. Hon dog inte fyllda femtio år. Gottfrid gifte några år senare om sig med Edith Andersson. De flyttade till Borås där mamma och jag besökte dem. Glada och vänliga människor. Edith målade porslin och i bröllopsgåva fick vi ett kakfat på fot som jag fortfarande ofta använder. Gottfrid Ahlbäck vigde Anders och mig i Filadelfiakyrkan i Örebro. Pappa var då död. Gottfrid hade sex barn, tre döttrar, Irene, Merit och Gunvor och tre söner, John Josef och Paul.

Farbror Erik Ahlbäck var yngst i sin syskonskara, fjorton år yngre än pappa och tio år yngre än Gottfrid. Erik blev också pastor inom Örebro Missionen. Det är säkert inte lätt att gå i sina bröders fotspår, å ena sidan har man namnet som bereder väg, å andra sidan skall man leva upp till de förväntningar som medvetet eller omedvetet ställs. Även Erik blev tidigt änkeman, faktiskt året efter Gottfrid, alltså 1942. Erik hade då tre små barn, Gladys, Gösta och Maud. Året efter gifte han om sig med Jenny Mohlin som var syster med Ester Lagerqvist från Örebro. Tillsammans med Jenny fick Erik ytterligare ett barn, Siw. Hon och hennes man Mats Nilsson har besökt mig här i Göteborg, en kontakt som jag uppskattar mycket.

Erik levde och verkade som pastor i Malmö, Tranås och Umeå och dog sjuttiotre år gammal. Jag upplevde honom alltid som en lugn ganska tystlåten vänlig man. Han var precis som pappa välklädd och uppträdde med värdighet.

Min kreativa pappa

Jag tycker om gamla ting och när jag en gång letade på mammas vindskontor hittade jag några teckningar som pappa gjort i början av 1930-talet. Han tog en kurs på Hermods och ett gott omdöme är antecknat på ett av alstren. Han hade tecknat av blommor i en skål och vitsippor i en vas. Jag känner igen både skål och vas som var av kristall och som vårblommorna placerades i. I slutet av 1940-talet fick pappa prova på att måla med oljefärger. Per Gunnar som är en skicklig konstnär lärde pappa som målade en tavla från Kämpinge, jag har den på väggen och är mycket glad över den. Den visar en stig genom ljungen som leder fram till några fiskstugor med havet i bakgrunden. Pappa hade tecknat och målat sedan han var ung och det finns kapell där han målat altartavlor. Det finns också teckningar av honom i de jultidningar som gavs ut på 1930-talet av ÖrebroMissionens förlag.

Pappa, jag och kyrkogårdar

Av pappa lärde jag mig älska kyrkogårdar. När han vistades i Kämpinge tog han mig på cykeln till Rengs vita trappstegsgavlade kyrka och skötte om morbror Magnus grav. Vi krattade och plockade upp ogräs från gruset, satte blommor vid stenen och drog in buxbomsdoften.

Varje sommar besökte vi Östra kyrkogården i Malmö med mormor och morfars grav. Det var en tredubbel grusad grav omsluten av låga buxbomshäckar. En rabatt närmast gravstenen. Mamma ville alltid sätta ner en fuchsia, hon kallade den blodsdroppe, det var på den tiden när menige man inte briljerade med latinska namn. Den välskötta graven, de höga träden, de välansade breda grusgångarna. Ordning, stabilitet, trygghet. Detta var innan gravarnas ram grävdes upp för att de dieseldrivna motorgräsklipparna skall ha fri framfart.

Vid ett tillfälle tecknade jag uppgivet en seriefigur med en liten streckgumma, som sade: "Jag trodde mamma skulle få vila i frid men det tycker inte kyrkogårdsarbetarnas fackförbund." Efter ett besök på kyrkogården i Örebro skrev jag också i stor frustration en debattartikel om borttagandet av gravar efter tjugofem år under rubriken "Hur länge får man vara död i Örebro?" Nerikes Allehanda valda bort rubriken. Tjugofem år är en kort del av evigheten.

Farfars och farmors grav finns på Lerbäcks kyrkogård och jag betalar för att den skall finnas kvar. Så länge jag bodde kvar i Kumla åkte jag dit nu och då. Gravens läge är vackert, rakt fram från kyrkporten, vid gränsen mot ängarna med skogen i bakgrunden. Numera är det alltmer sällsynt med gravar, askan strös över havet eller i en minneslund. Det är rationellt. Folk bor inte längre kvar på samma ort och en grav måste skötas och besökas. När jag nu är vuxen och gammal och kan se tillbaka på gravsättningar önskar jag att farmors och farfars grav i Lerbäck eller mormor och morfars grav i Malmö eller pappas och mammas grav i Örebro hade blivit släktgravar. Jag har inget emot att askan efter mig grävs ner i någon av dessa gravar. Det kommer förhoppningsvis att bli i mammas och pappas, det är min önskan.

Redan som barn fick jag följa med pappa till Södra Kyrkogården i Örebro där John Ongman ligger begravd. Även en släkting på mammas sida, Per Ahlbergs grav finns där, han verkade som pastor i Örebro på 1800-talet. Jag gillar kyrkogårdar som berättar om trakten och jag känner vördnad för människor, kända och okända, som levt före min tid och på olika sätt varit föregångare.

Pappa vid Johan Ongmans grav.

När pappa dog

Pappa dog den 15 juli 1949 efter en kort tids sjukdom. Så här
skrev jag för ett antal år sedan om sista gången jag såg pappa:
Tåget från Krylbo mot Mjölby avgår från spår fyra perrong
två vid Örebro Central. Många gånger hade vi rest med det
för att fortsätta till Malmö. Den här morgonen i juni 1949
skulle mamma Signe och jag resa. Pappa följde oss till tåget.
Vi hade stigit på tåget och stod i det öppna fönstret. Pappa
stod kvar på perrongen. Han grät.

ÖrebroMissionens årsmöte i Filadelfiakyrkan hade nyligen
avslutats men det här årsmötet hade inte varit sig likt. I vanliga
fall fylldes vårt hem av gäster. Detta år hade Pappa gått ensam
hem mellan förhandlingssektionerna för att vila. Han blödde

näsblod. Han var svag. Mamma och pappa hade tillochmed tagit taxi till Immanuelskyrkan vid avslutningsmötena eftersom pappa inte orkade promenera, det var något som inte var sig likt denna juni månad.

Nu skulle alltså mamma och jag resa till vårt älskade Kämpinge vid sydkusten i Skåne. Pappa skulle komma efter, när midsommarkonferensen – någonstans – var över, detta var normalt. Mina tre äldre bröder hade sina sommararbeten, de bodde inte längre hemma. Jag var fjorton och ett halvt år, Vi skulle fara till moster Lotten, mamma och jag.

Pappa grät. Jag skämdes. Min store rakryggade, älskade pappa grät på perrongen på Örebro Central. Det var något som var fel, helt fel.

Stinsen höjde sin flagga. Tåget gled sakta bort.

Några dagar senare återvände mamma till Örebro. En månad senare var pappa död.

Vi är en familj som inte är van vid sjukdomar och lasarettsvistelse var under min barndom något helt obekant för mig. Nu låg pappa ovanpå sängen och blödde näsblod. Jag sändes till apoteket en söndagsförmiddag för att köpa bomull och kom hem med vadd.

Eftersom mamma återvänt till Örebro när min kusin Brita mött pappa på gatan och förstod hur sjuk han var insåg jag att pappa var sjuk och någonstans i bakhuvudet förberedde mig på att sjukdomen var allvarlig. Jag och min kusin Margareta som var två år yngre än jag sov på ett rum på andra våningen, det låg precis över rummet där telefonen stod. Mitt i natten ringde det och jag hörde moster Lotten svara. Jag var vaken men kunde inte höra några ord. Så småningom somnade jag men när moster Lotten kom upp på morgonen visste jag att pappa var död. Jag bröt inte ihop i stora tårefloder, det är inte vanligt i vår familj. Visst kan vi vara sentimentala men vi bryter inte ut i hysteriska gråtattacker. Vi är introverta och sorgen ligger djupt i oss år efter år.

Det är när jag skriver detta 69 år sedan den sommaren när pappa dog men minnena finns där trots att jag inte rekapitulerat dem många gånger. Jag vistades alltså hos moster Lotten i Kämpinge och hon följde mig på tåget hem till Örebro. En eller två av mina bröder mötte oss vid tåget. De var klädda i vita skjortor och svarta slipsar. Det såg annorlunda ut. När vi kom hem in i lägenhet var mamma fullt upptagen av flera av de ledande männen inom församlingen och ÖM som pastor Birger Eriksson. Hon var svartklädd och främmande för mig, fullt sysselsatt som hon var av ombestyren av begravningen, som hölls i Immanuelskyrkan i Örebro eftersom Filadelfiakyrkan. (där vi tillhörde) restaurerades. Jag fick gå med henne till sömmerska för att få en svart klänning uppsydd.

Pappas begravning i Immanuelskyrkan.

83

Efter den sommaren blev ingenting sig likt. Min barndomstid var över trots att jag fortfarande var ett barn (man är barn till arton års ålder). Efter att ha varit en familj med sex personer blev det bara mamma och jag kvar. Det är inte den största sorgen jag upplevt men det är den som påverkat mig mest.

Pappas grav som restes av ÖrebroMissionen ligger på Norra Kyrkogården i Örebro till höger om huvudingången längs muren.

Den 12 maj 1954 avlade jag studentexamen.
Ingvar körde mig till kyrkogården där jag på pappas grav fick sätta några av alla blommor jag fått.

ANTECEDENTIA

Algot Emanuel Ahlbäck föddes i Stora Tuna, Dalarna, den 15 maj 1890 som förstfödde son till Johan Viktor Ahlbäck (1865 – 1931) och hans hustru Johanna (Hanna) Lovisa Hedlund (1865 – 1948). De ingick äktenskap 1888.

Hanna var född Boholm och det är en släkt som släktforskats om och vars rötter är fastlagda till 1500-talet.

Johan Viktor arbetade på Dalasågen och blev så småningom sågmästare.

Familjen flyttade till Mora 1894 och vidare till Karlstad 1900 och fyra år senare bosatte de sig vid Skyllbergs bruk, Lerbäck i Sydnärke där de bodde kvar resten av sitt liv och där farfar och farmor också ligger begravda.

Hanna och Johan Viktor Ahlbäck i Lerbäck

Under åren i Karlstad var Algot tio till fjorton år gammal och där gick han i folkskola och även aftonskola.

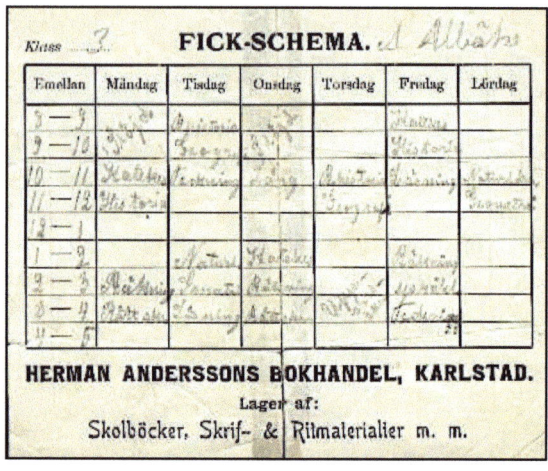

Schema för årskurs 3. Nedan visas schemats baksida.

Familjen Johan Ahlbäck cirka 1910.
Sittande farfar Johan Ahlbäck och farmor Hanna med den yngste sonen Erik
mellan sig.
Stående från vänster Gottfrid, Klara, Elsa, Erika, Maja och pappa Algot.

Algot och hans syskon:

Algot Ahlbäck   1890 – 1949
Erika Hansson   1892 – 1971
Gottfrid Ahlbäck 1894 – 1971
Elsa Johansson   1896 – 1978
Klara Rundqvist   1900 – 1984
Maja Falkenström 1902 – 1989
Erik Ahlbäck   1904 – 1977

Några biografiska data för Algot Ahlbäck

- 1890 Algot Ahlbäck föds i Stora Tuna den 15 maj
- aftonskola i Karlstad 1902 - 1904
- 1904 och därefter arbete på kontoret vid Skyllbergs bruk
- döpt i Askersund 1907
- militärtjänstgöring vid I3 i Örebro
- 1911 – 1914 studier vid Örebro Missionsskola (grundad 1908)
- 1913 utgivit *Offren på den stora försoningsdagen*
- 1914 – 1918 pastor vid Rönneshytta baptistförsamling
- 1918 – 1927 pastor för Hallsbergs baptistförsamling Salem
- 1919 – 1937 ledamot av styrelsen för Närkes distrikt av Sveriges Baptistsamfund
- 1919 – 1949 ledamot av Örebro Missionsförenings (ÖM) styrelse, varav vice ordf (1928 – 1931) och ordf (1931 – 1949)
- 1920 utgivit *Den eviga vägen* (översättning)
- 1921 – 1949 redaktör för Missionsbaneret (grundad 1921)
- 1921 – 1949 redaktör för årsbokserien Evangelisten
- 1922 – 1927 ledamot av Närkes baptistungdomsförbunds styrelse
- 1924 ingår äktenskap med ensajn i Frälsningsarmén Signe Håkansson
- 1925 sonen Johan Ingwar Emanuel föds 21 december
- 1925 – 1949 redaktör för jultidningen Vinterhälsning
- 1927 familjen flyttar till Nygatan 69 i Örebro

- 1927 – 1930 (?) medlemmar i Betelförsamlingen därefter medlemmar i Filadelfiakyrkan
- 1927 sonen Sven-Olof Emanuel föds 21 september
- 1928 – 1931 vice ordförande i ÖM:s styrelse
- 1929 sonen Per Erik Gunnar föds 31 december
- 1929 – 1949 redaktör för jultidningen De gamlas jul
- 1930 familjen flyttar till Slottsgatan 39 A
- 1930 (?) Signe och Algot blir medlemmar i Filadelfiakyrkan
- 1931 – 1949 ordförande i ÖM:s styrelse (vilket innebär att vara missionsföreståndare)
- 1931 – 1949 ledare för Bibelskolan i Filadelfiakyrkan Örebro
- 1935 dottern Signe Anna Margareta föds den 11 januari
- 1938 familjen flyttar till Skolgatan 11 A som är ÖM:s nybyggda fastighet
- 1940 utgivit *Krig och kristendom*
- 1940 fyller Algot Ahlbäck femtio år
- 1949 den 14 juli avlider Algot Ahlbäck efter en kort tids sjukdom
- 1949 *Vad är klockan slage?* (postumt)

Vinjetten till det första numret av Missionsbaneret
den 15 september 1921.
Tidningen utkom helgfri torsdag. Pris för lösnummer 15 öre.
Redaktör: Algot Ahlbäck
Redaktion och expedition: Gamla gatan 7, telefon 960

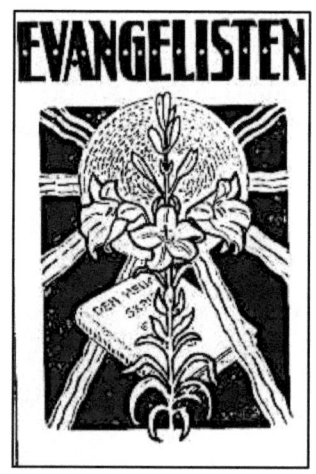

Algot Ahlbäck var ansvarig utgivare under åren 1921 – 1949.
Årsboken Evangelisten hade samma jugendinspirerade omslag under åren 1921
– 1954. Bilden är tecknad av Artur Hultling.

Text och melodi av Algot Ahlbäck, publicerad i Vinterhälsning.

Algot och Signe ingick äktenskap den 16 november 1924.
De vigdes först borgligt och sedan i baptistkapellet där
pastor John Ongman var vigselförrättare.

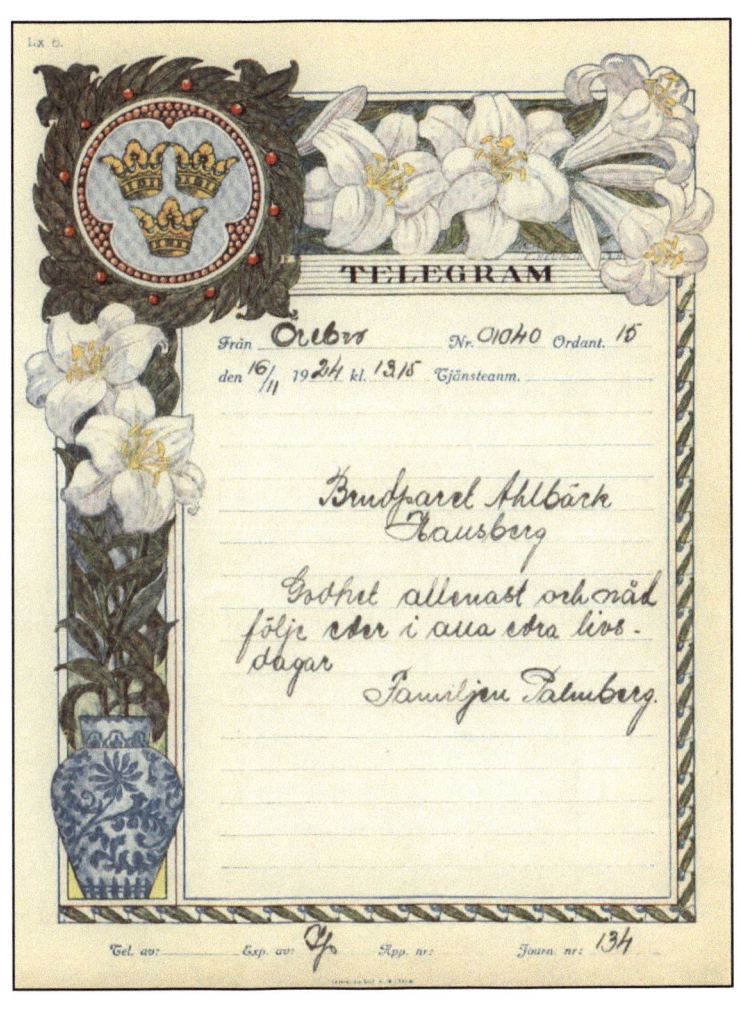

TELEGRAM

Från *Örebro* Nr. *01040* Ordant. *15*

den *16/11* 19*24* kl. *13.15* Tjänsteanm.

Brudparet Ahlbäck
Hausberg

Trohet allenast och nåd
följe eder i alla edra livs-
dagar
Familjen Palmberg.

Tel. av: Exp. av: App. nr: Journ nr: *134*

Till Signe och Algot Ahlbäcks bröllop anlände ett hundratal telegram.
På den tiden var de handskrivna.
Bilden på lyxblankett 6 med liljor i vas var tecknad av Erland Heurlin.
Den här lyxblanketten kom totalt ut i en miljon exemplar.

Algot och Signes första hem i pastorsbostaden.

Pastorsbostaden var inrymd i en villa som låg nedanför kapellet som i sin tur låg längs Storgatan, den gata som går tvärs igenom Hallsberg och längs efter järnvägsspåren.

På övervåningen bodde Algots syster Klara med sin man David Rundqvist. De fick sonen Enar och Algot och Signe fick Ingwar samma år 1925.

Hemmet på Nygatan 69, ev 1930
Farfar Johan Viktor Ahlbäck, mamma Signe, Pappa med Ingwar
Farmor Hanna Ahlbäck med kusin Sune, faster Erika Hansson med Sven-Olof.

Familjen Algot Ahlbäck förmodligen 1931 på Slottsgatan i Örebro.

Ett möte mellan ÖrebroMissionen och Pingströrelsen.
Från vänster: Algot Ahlbäck, okänd, Lewi Petrus, Ragnar Ragné, okänd,
Freddy Götestam, okänd.

Förhållandet mellan ÖrebroMissionen, Pingströrelsen och Svenska Baptistsamfundet

Svenska Baptistsamfundet som bildades på mitten av 1800-talet bestod av ett antal baptistförsamlingar. Örebro Missionsförening (ÖM) var en förening som namnet anger där enskilda församlingar var associerade men fristående. Många av medlemmarna i dessa församlingar tillhörde från början Baptistsamfundet men övergick till ÖM:s församlingar. I det som senare blev Pingstkyrkan ingick också fristående församlingar som samarbetade med den centrala gruppen kring Lewi Petrus i Stockholm.

Bilden ovan är troligen tagen i Filadelfiakyrkan i Stockholm.

Algot Ahlbäck skriver sommaren 1938 till sin vän och kollega Albert Eriksson: "... Lewi Pethrus var ånyo stygg mot oss i förra veckan, som du kanske har sett. Det är oerhört söckent med denna huvudlösa angreppslusta och denna skrupelfria frigjordhet från sanningen, som han ådagalägger. Men det är väl så, att han är slagen med förblindelse, och att någon Guds plan ligger bakom. Man spörjer dock för hans vidkommande med bävan vad slutet skall bliva..." Till John Magnusson skriver han samma sommar: "... Åter är jag nere i Skåne. Mötena i Fornåsa vore mycket goda. Mottog nya uttryck för våra vänners tillgivenhet. Egentligen har L. P. gjort oss en mycket god tjänst genom sina artiklar ehuru han gjort sig själv en stor otjänst och naturligtvis även många bland hans egna trupper...".

Det fanns pastorsutbildning på Betelseminariet i Stockholm och i ÖM:s regi i Örebro. Pappa gick alltså i Örebro Missionsskola. Jag förmodar att närheten mellan Lerbäck och Örebro var en bidragande orsak till att pappa och hans bardomsfamilj sökte sig till John Ongmans verksamhet och väckelserörelse.

Pappa Algot var en verklig fridens man men han tog ställning för ÖrebroMissionen.

Att notera från Algot Ahlbäcks bortgång

Ur vårt släktarkiv publiceras här några klipp som illustrerar vilken omfattning pappa Algots begravning rönte. Det var inte främst vår pappa som begravdes utan ledaren under tjugo år av ÖrebroMissionen som jordfästes. Lägg märke till notisen om församlingsmedlemmarnas medverkan där bland annat kören skulle sjunga.

Följande bibelord är angett i dödsannonsen: "Jag är uppståndelsen och livet. Den som tror på mig skall leva om han än dör." Joh. 11:25

Efter begravningsgudstjänsten åkte alla i bilkortege till Norra kyrkogården där kistan sänktes. Kremering var inte aktuellt på den tiden och ceremonierna kring begravningar var bestämda.

Därefter samlades alla till kaffe i Missionsskolan. Jag har funderat över detta. Det var mitt i juli månad och ingen verksamhet pågick i Missionsskolan men tydligen kunde Filadelfiaförsamlingen och ÖrebroMissionen ordna med dukning och förtäring. Närheten mellan Filadelfiakyrkan och Missionsskolan som på den tiden låg mitt emot varandra på Järnvägsgatan innebar att till exempel ungdomssamlingar i Filadelfiakyrkan hölls i Missionsskolans undervisningssalar.

Begravningen hölls en söndag. Numera hålls inga begravningar på sön- och helgdagar, inte ens på lördagar p gr a

97

fackföreningarnas inverkan. Det är många som är engagerade i en begravning inte minst blomsterhandlare.

Det var inte vanligt på den tiden att man hade en blomma att lägga på kistan inne i kyrkan. En sådan kunde läggas vid graven men jag har inget minne att vi hade sådana. Däremot fanns det ett stort antal kransar.

* * * * *

Efter en begravning uppstår det stora tomrummet och insikten i vad som hänt drabbar de närmaste. Fortfarande var det sommar och mamma och jag följde moster Lotten ner till Skåne under ett par veckor. Även Ingwar kunde åka med oss och vi tog långa promenader längs sandstranden. Badsäsongen var över och stränderna låg tomma.

Livet gick vidare, trots allt. Allt detta hände för snart sjuttio år sedan. Saknaden av vår underbara pappa finns fortfarande.

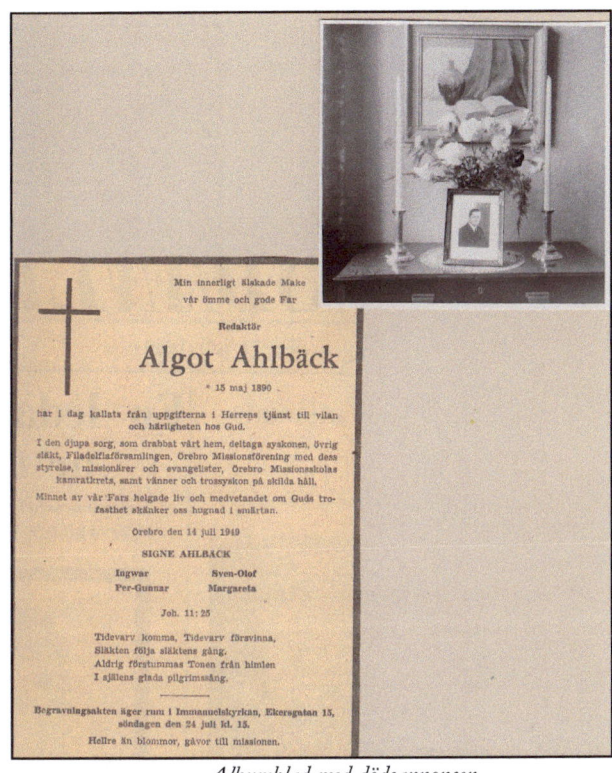

Min innerligt älskade Make
vår ömme och gode Far

Redaktör

Algot Ahlbäck

* 15 maj 1890

har i dag kallats från uppgifterna i Herrens tjänst till vilan
och härligheten hos Gud.

I den djupa sorg, som drabbat vårt hem, deltaga syskonen, övrig
släkt, Filadelfiaförsamlingen, Örebro Missionsförening med dess
styrelse, missionärer och evangelister, Örebro Missionsskolas
kamratkrets, samt vänner och trosysykon på skilda håll.

Minnet av vår Fars helgade liv och medvetandet om Guds tro-
fasthet skänker oss hugnad i smärtan.

Örebro den 14 juli 1949

SIGNE AHLBÄCK

Ingwar   Sven-Olof
Per-Gunnar   Margareta

Joh. 11: 25

Tidevarv komma, Tidevarv försvinna,
Släkten följa släktens gång.
Aldrig förstummas Tonen från himlen
I själens glada pilgrimssång.

Begravningsakten äger rum i Immanuelskyrkan, Ekersgatan 15,
söndagen den 24 juli kl. 15.

Hellre än blommor, gåvor till missionen.

Albumblad med dödsannonsen.

Torsdagen den 21 juli 1949

Filadelfiaförsamlingens
medlemmar

erinras om begravningsakten i
IMMANUELSKYRKAN söndagen
den 24 juli kl. 15, då stoftet av
vår värderade äldstebroder, Algot
Ahlbäck, skall vigas till gravens
ro. Kören skall sjunga vid be-
gravningen och vi mana alla
sångare att om möjligt infinna
sig.

Det är sorg i vår församling,
men i sorgen blandar sig ett rikt
mått av tacksamhet till Gud för
broder Ahlbäcks mer än 20-åriga
gärning bland oss.

Låt oss i våra böner ihågkom-
ma familjen Ahlbäck, som i dessa
dagar försänkts i så djup sorg!

FÖRESTÅNDAREN

Notis ur Missionsbaneret.

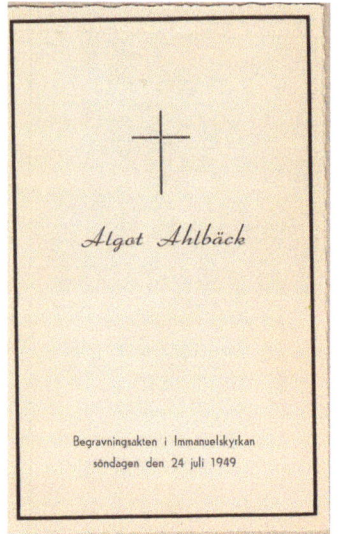
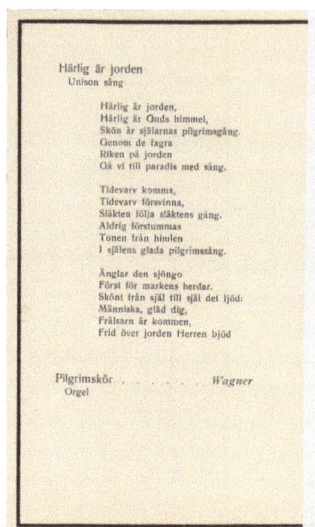

Program för begravningsakten.

Sorgmarsch ..... *Beethoven*
Orgel, Musikdir. Edv. Westerberg

Edra hjärtan vare icke oroliga *Westerberg*
Körsång

Bibelläsning och bön
Pastor Erik Ahlbäck

Städse på Sion jag tänker *T. B. Barratt*
Unison sång

> Städse på Sion jag tänker,
> Härliga, himmelska land!
> Glashavet gnistrar och blänker,
> Sätter mitt hjärta i brand.
> Bortom det glittrande ljuset
> Skådar jag himmelens stad.
> Sången från allfadershuset
> Lyssnar jag till och är glad.
> Kör: Evighetsmorgonen lyfter
> Skymmande slöjan utav,
> Hoppet i åskådning bytes,
> Tvivlen där finna sin grav.

> Döden har tappat sitt välde,
> Udden bröt Jesus utav,
> Segern på Golgata gällde
> Lika för kung och för slav.
> Nu med all oro och smärta
> Kastar jag mig i hans famn,
> Öppet står Frälsarens hjärta,
> Där är den fridsälla hamn.

Stoftet viges till gravens ro
Pastor Birger Eriksson

Den store hvide Flok .... *Grieg*
Solosång, Arnold Sahlin

Tal

Till Algot Ahlbäcks minne
Redaktör Sven Larsson

Bön
Missionär Evert Eriksson

Och jag såg en ny himmel .. *Dahlöf*
Körsång

100